Daniel Hochhalter

Aktuelle Entwicklungen im Bereich E-Health

Digitalisierung in der Gesundheits- und Fitnessbranche

Bibliografische Information der Deutschen Nationalbibliothek:

Die Deutsche Nationalbibliothek verzeichnet diese Publikation in der Deutschen Nationalbibliografie; detaillierte bibliografische Daten sind im Internet über http://dnb.d-nb.de abrufbar.

Impressum:

Copyright © Science Factory 2019

Ein Imprint der Open Publishing GmbH, München

Druck und Bindung: Books on Demand GmbH, Norderstedt, Germany

Covergestaltung: Open Publishing GmbH

Inhaltsverzeichnis

Executive Summary

Innerhalb der Gesundheits- und Fitnessbranche vollzieht sich ein digitaler Wandel, der vor allem durch moderne Informations- und Kommunikationstechnologien geprägt wird. Fitness-Apps und Wearables beherrschen in Zukunft den Fitnessmarkt und werden in den nächsten Jahren für hohe Umsätze und Kostenreduktionen im Gesundheitssektor beitragen können, sofern richtige Vorgehensweisen seitens Kostenträgern und Bundesregierung definiert werden. Die hohen Umsatzgenerierungen sind nicht nur im Blickpunkt der Kostenträger, auch die weltweit führenden Sportartikelhersteller haben das große Potential von Sport- und Fitness-Apps entdeckt und versuchen ihrerseits wirtschaftliche Vorteile daraus zu ziehen.

Diese großen Umsatzzahlen lassen sich auch in der Gesundheitsbranche wieder finden und sind insbesondere auf die zunehmende Bereitschaft zurückzuführen, telemedizinische Services zu nutzen. Durch die wachsenden technologischen Möglichkeiten ergeben sich neue Diagnose- und Therapiemöglichkeiten. Somit wird die Überwachung und Behandlung von chronischen Krankheiten wie Diabetes mellitus effizienter gestaltet werden können. Die steigenden Nutzerzahlen in beiden Sektoren, Fitness und Gesundheit, resultieren in hohe Umsatzbeträge, die dazu beitragen können, das Gesundheitswesen zu entlasten. In Zukunft werden auch Subsegmente wie intelligente Bekleidung und Schuhwerk an Zustimmung gewinnen. Somit steigt der Absatz in diesen Kategorien und wenn der technologische Fortschritt weiterhin anhält werden diese Segmente für den medizinischen Sektor ebenfalls große Vorteile mit sich bringen.

Bei all den offensichtlichen Vorteilen muss verstärkt der Datenschutz in den Vordergrund der Anbieter rücken um den Nutzer zu schützen und rechtliche Konsequenzen zu vermeiden.

Abkürzungsverzeichnis

Abb.	Abbildung
bzw.	beziehungsweise
ca.	circa
CAGR	Compund Annual Growth Rate
DDD	Defined Daily Dose / definierte Tagesdosis
ESH	Europäische Gesellschaft für Bluthochdruck
IDC	International Data Corporation
Mio.	Millionen
Mrd.	Milliarden
u. a.	unter anderen
USA	United States of America
vgl.	vergleiche
WHO	World Health Organization
z. B.	zum Beispiel
€	Euro

Abbildungsverzeichnis

1 Digitalisierung erreicht Gesundheits- und Fitnessbranche

Die Digitalisierung schreitet voran und betrifft mittlerweile nahezu alle Lebensbereiche. Diese Veränderungen sind im E-Commerce, in der Kommunikation, durch Social Media wie „Whatsapp" oder Facebook, aber auch in der Arbeitswelt erkennbar. Die zunehmende Digitalisierung und der Einsatz intelligenter Computer und Systeme lassen den Menschen in seiner Rolle als treibende Kraft in der Arbeitswelt immer unwichtiger wirken.

Digitalisierung kann mehrere Bedeutungen haben: zum einen wird darunter die digitale Umwandlung und Darstellung von Informationen und Kommunikation oder die digitale Modifikation von Instrumenten, Geräten und Fahrzeugen verstanden. Ebenso kann mit diesem Begriff die digitale Revolution gemeint sein.

> „Während im 20. Jahrhundert die Informationstechnologie (IT) vor allem der Automatisie-rung und Optimierung diente, Privathaushalt und Arbeitsplatz modernisiert, Computer-   netze geschaffen und Softwareprodukte wie Office-Programme und Enterprise-Resource-Planning-Systeme eingeführt wurden, stehen seit Anfang des 21. Jahrhunderts disruptive Technologien und innovative Geschäftsmodelle sowie Autonomisierung, Flexibilisierung   und Individualisierung in der Digitalisierung im Vordergrund" (Bendel o. J.).

Mittlerweile hat die Digitalisierung die Sport-, Gesundheits-, und Fitnessbranche erreicht. Neueste Technologien, Software und Innovationen ermöglichen den Athleten aus dem Leistungssport sowie dem Hobbysportler aus Fitnessstudio und Sportverein optimale Trainings- und Wettkampfbedingungen. Neben diesen rein leistungsorientierten Faktoren steigt unter anderem der Drang zur Selbstüberwachung oder zur sogenannten Self Optimization und Digital Health. Dieser Trend ist auch im Gesundheitswesen zu erkennen. Die digitale Überwachung und Steuerung über Smartphone-Apps oder Wearable Computing nimmt zu. Selbstvermessungstechnologien ermöglichen ein Mehr an Autonomie und Kontrolle.

Die Sportler, aber auch die breite Masse, möchten mehr Daten einsehen können, Vitalfunktionen wie zum Beispiel Herzfrequenz, Atmung, verbrannte Kalorien, Schrittzahlen oder die Überwachung des Schlafes. Die Überwachung des Trainings, Ernährung, Regeneration und Gesundheit nimmt einen immer höheren Stellenwert im Bereich der Leistungsoptimierung- und Anpassung sowie in der Überwachung des Gesundheitszustandes ein. Damit kommt es zu einer gleichzeitigen Anpassung innerhalb der Sport- und Fitnessindustrie. Die steigende Nachfrage und das zunehmende Interesse verlangen Innovationen und Neuheiten in diesen Sektoren.

Die vorliegende Arbeit beschäftigt sich rund um das Thema E-Health. Neben theoretischen Grundlagen wird auch auf den Ist-Zustand eingegangen und welche Technologien heute und in Zukunft das Gesundheitswesen prägen werden. Unter Beachtung der Gesundheitsausgaben, die in einzelnen Segmenten geschildert werden, sollen die Marktsituation und das Marktpotential, vor allem in Deutschland, einzelner Bereiche geschildert werden und somit eine Aussicht über den heutigen und zukünftigen Stand liefern. Zudem sollen Käufer- und Nutzergruppen in den einzelnen Segmenten ermittelt werden.

Die Betrachtung fällt zum einen auf die Fitnessbranche, rund um die Fitness-Apps und Wearables. Zum anderen soll auf die Gesundheitsbranche eingegangen und dabei die drei großen chronischen Krankheiten aufgegriffen werden. Dabei wird herausgefunden, wie E-Health diese Bereiche beeinflusst und in Zukunft beeinflussen kann.

2 Theoretische Grundlagen

Im Vorfeld dieser Arbeit gilt es die Grundlagen bezüglich Einflussfaktoren, E-Health allgemein zu klären und zudem werden die ausgewählten Krankheitsbilder vorgestellt, auf die im weiteren Verlauf der Arbeit eingegangen wird. Der theoretische Teil dient zur Aufklärung und Vorbereitung für den Hauptteil.

2.1 Einflussfaktoren auf voranschreitende Digitalisierung in der Gesundheits- und Fitnessbranche

Die Digitalisierung besitzt ein weiteres Merkmal, das von Bedeutung ist. Die Nutzung von digitalen Netzwerken, Medien und digitalen Gerätschaften ist in der heutigen Zeit kaum wegzudenken. Ein mobiler Internetzugang, soziale Netzwerke, neueste technologische Errungenschaften, Applikationen und Smartphones unterstützen den Prozess der Digitalisierung in diesem Segment.

Der Trend zeigt, dass die absolute Zahl an Nutzer in den sozialen Netzwerken in Milliarden steigt und macht deutlich, dass sich diese Anzahl bis 2021 auf geschätzte drei Milliarden erhöhen wird. Facebook stellt mit ca. 2 Mrd. monatlich aktiven Nutzern (MAU) das größte soziale Netzwerk dar, davon sind ca. 30 Mio. deutsche User registriert. Das Online-Videoportal Youtube befindet sich direkt dahinter mit 1,5 Mrd. monatlichen aktiven Nutzern auf Rang zwei (Statista 2018).

Die sozialen Netzwerke bieten Unternehmen einen optimalen Ort für Werbung, dem sogenannten Social Media Marketing, und um den potentiellen Kunden schnell erreichen zu können. Unternehmen können somit mehr Aufmerksamkeit erzielen. Aufgrund einer hohen Vernetzung wird erreicht, dass viele Kunden innerhalb kürzester Zeit, zielgruppenorientiert angesprochen werden können.

Aus dieser hohen Anzahl an Nutzer kann weiterhin geschlussfolgert werden, dass auch viele Menschen über Smartphones und einen mobilen Internetzugang verfügen. Genauer genommen wurden im Jahre 2017 2,32 Mrd. Smartphones weltweit erfasst und die erwartete Anzahl für 2020 an Smartphones steigt auf 2,87 Mrd. laut dem Statistik-Portal Statista.

Somit liegt die Smartphone-Penetration bei 71,5 % und wird bis 2021 auf 78 % ansteigen. Zeitgleich wird die Internet-Penetration auf 83 % anwachsen (Buss 2017: S. 15).

Schlussfolgernd kann behauptet werden, dass die Menschen durch die digitalen Medien oder Geräte flexibler, autonomer und schneller auf Apps zugreifen können, die beispielsweise die Körperfunktionen über den Tag hinweg erfassen. Es können durch die Schrittzählerfunktion in Handys oder Apps jederzeit Tagesziele überprüft werden und das sorgt für eine zusätzliche Motivation sich körperlich zu betätigen. Es lässt sich deuten, dass der Zugriff auf Gesundheits- und Sportangebote deutlich bequemer und leichter über die mobilen Geräte abläuft. Diese ermöglichen dem Nutzer jederzeit und überall auf die Anwendungen zuzugreifen.

Da sich diese Arbeit hauptsächlich um die großen Gebiete Gesundheit und Fitness dreht, stellt sich die Frage was diese Begriffe wirklich bedeuten und wie diese definiert werden. Im nächsten Abschnitt wird auf die Bedeutung dieser zwei Begriffe eingegangen.

2.2 Fitness und Gesundheit

Die Fitnessbranche verzeichnet seit Jahren ein kontinuierliches Wachstum und ein Ende ist kaum abzusehen. Der weltweite Umsatz der Fitness-Industrie, die Fitness-Clubs mit einbezogen, beträgt 83,1 Mrd. US-Dollar. Davon entfallen 5,6 Mrd. auf den deutschen Markt (Statista Fitness 2018). Wenn in dieser Arbeit über Sport und Fitness geredet wird, womit auch das Thema Gesundheit einhergeht, dann müssen im Vorfeld diese Begrifflichkeiten definiert sein.

> „Der Begriff Fitness (engl. fit: tauglich, fähig) beschreibt den aktuellen Zustand der kör-perlichen Leistungsfähigkeit in den Bereichen Kraft, Ausdauer, Schnelligkeit, Beweglichkeit und Koordination. Während eines Fitnesstrainings geht es vor allem darum, motorische Fähigkeiten zu erhalten oder die aktuellen Fähigkeiten weiter auszubauen" (Soulplus o.J.).

Auf dieser Definition aufbauend kann gesagt werden, dass versucht wird durch die Verbesserung der fünf motorischen Hauptbeanspruchungsformen (Kraft, Ausdauer, Schnelligkeit, Beweglichkeit, Koordination), die eigene Fitness zu verbessern. Dies stellt einen wichtigen Faktor innerhalb der Prävention von Krankheiten dar, sei es nun beabsichtigt oder unterbewusst. Eine Kombination aus Ausdauer- und Krafttraining stellt dabei eine solide Grundlage für die Prävention von chronischen Krankheiten dar.

Es existieren unzählige Definitionen und Meinungen über Gesundheit, doch die der World Health Organization (WHO) ist die weitläufig bekannteste. Die WHO definiert Gesundheit wie folgt:

> „Gesundheit ist ein Zustand völligen psychischen, physischen und sozialen Wohlbe-
> fin-dens und nicht nur das Freisein von Krankheit und Gebrechen. Sich des bestmög-
> lichen Ge-sundheitszustandes zu erfreuen ist ein Grundrecht jedes Menschen, ohne
> Unterschied derRasse, der Religion, der politischen Überzeugung, der wirtschaftli-
> chen oder sozialen Stellung" (Antwerpes et al. o.J., zit. n. WHO).

Fitness und Gesundheit hängen eng miteinander zusammen. Menschen mit einem hohen Gesundheitsbewusstsein wollen Gesundheit und Wohlbefinden durch Trainingsmaßnahmen aufrechterhalten. Der Wunsch nach einer längeren und gesünderen Lebenszeit wird immer größer. Ihnen stehen viele Möglichkeiten offen um dies zu erreichen. Diese reichen von einer Mitgliedschaft in einem Fitnessstudio, dem „Downloaden" verschiedener digitaler Angebote, die die Bereiche Training und Ernährung abdecken, bis hin zum Anschaffen von Fitnessarmbändern, die beim Sport zusätzliche Daten liefern und interessante Informationen über Körperwerte liefern. Des Weiteren erhöhen sich die medizinischen Angebote im digitalen Raum, die Telehealthcare, mHealth und Applikationen beinhalten.

Im kommenden Abschnitt wird die Begrifflichkeit „E-Health" definiert.

2.3 E-Health

Sobald digitale Anwendungen im Gesundheitssektor im Vordergrund stehen und die Digitalisierung nicht außer Acht gelassen wird, fällt zwangsläufig der Begriff E-Health oder Digital Health. Telemedizin, eHealth und mHealth sind nur einige Begriffe, die sich auf ein modernes und digitales Gesundheitswesen beziehen. Die Definition gemäß WHO lautet:

> „E-Health bezeichnet den Einsatz von Informations- und Kommunikationstechnolo-
> gien imGesundheitswesen einschließlich Dienstleistungen und Prozessen im Ge-
> sundheitsbereich,Prävention, Gesundheitsüberwachung, Behandlung, Literatur und
> Bildung, Wissen und For-schung. E-Health kann zur Kostensenkung beitragen und
> birgt ein hohes Absatz-Potenzial"(Buss 2017: S.3, zit. n. WHO).

So könnte dieser digitale Wandel innerhalb des Gesundheitssektors als Digitalisierung im Feld der Medizin bezeichnet werden. In erster Linie wachsen, mit dem voranschreitenden Fortschritt der Technik, die Erwartungen und Hoffnungen, dank moderner digitaler Assistenten eine generelle Verbesserung des Gesundheitszustandes zu erreichen. Digital Health birgt weitere Vorteile wie etwa präzisere Diagnosen auf Basis digitaler Patientenakten, verbesserte Früherkennung oder die Überwachung einer chronischen Erkrankung, welche durch die neue Technik begünstigt werden. Möglich wird das durch die zusammengeführten Daten, die aus den einzelnen Subsegmenten erfolgt. Schließlich bilden sie die Grundlage für Big Data-Analysen, die der Gewinnung entscheidungsrelevanter Informationen dienen. Im Zuge dieses Prozesses verspricht sich die Pharmaindustrie durch die gesammelten Daten eine deutliche Aufgabenreduktion bei den klinischen Arzneimittelentwicklungen. Die Digitalisierung eröffnet auch den Software, IT- und Medizintechnikunternehmen die Chance zur Entwicklung und zum Absatz einer Vielzahl an neuen Diensten und Produkten (Statista Digital Health 2018).

Im nächsten Teil wird das E-Health Gesetz in Deutschland, die Anwendungsgebiete im klinischen Bereich und E-Health weltweit beleuchtet.

2.3.1 E-Health Gesetz

Im Jahre 2016 wurde das deutsche E-Health Gesetz verabschiedet.

> „Mit dem sogenannten E-Health-Gesetz will die Bundesregierung die Nutzung moderner Informations- und Kommunikationstechnologien im Gesundheitswesen vorantreiben und dadurch die Qualität und Wirtschaftlichkeit der Versorgung verbessern. TelemedizinischeLeistungen sollen erweitert und mit Zuschlägen gefördert werden können. Das Gesetz be-inhaltet konkrete Fristen und Sanktionen für den Fall des Nichteinhaltens. Die Krankenkassen haben insbesondere kritisiert, dass Ärzte und Krankenhäuser zusätzliches Geld für elektronische Kommunikation erhalten sollen, die im Internet-Zeitalter selbstverständlich sein müsse" (AOK Bundesverband 2016).

Die telematische Infrastruktur soll bis 2020 alle Praxen, Krankenhäuser und Apotheken beinhalten. Die Patienten müssen die Angebote zwar nicht wahrnehmen, jedoch wird vorgegeben, dass alle Ärzte mit den Anwendungen der elektronischen Krankenversichertenkarte und der Infrastruktur vertraut sein sollen. Die Bundesregierung legt darauf großen Wert, denn das Gesetz sieht Prämien vor, aber genauso sind Sanktionen bei Nichteinhalten der Einführungs-Deadlines vorgesehen (Buss 2017: S. 8).

Anwendungsbereiche des Gesetzes sind unter anderem, dass Ärzte Prämien für die elektronische Übermittlung von medizinischen Berichten erhalten. Das steigert die Motivation, aus der Sicht der Ärzte, sich mit den technologischen Anwendungen vertraut zu machen und sie auch zu nutzen. Es sollen weiterhin Videosprechstunden (Telehealthcare) integriert werden, die den Austausch zwischen Patient und Arzt deutlich erleichtern sollen. Das heißt, dass den Patienten, die älter sind oder mit einer stark eingeschränkten Mobilität zu kämpfen haben, ein bequemerer Zugang zur Sprechstunde ermöglicht werden soll (ebd.).

Weitere Inhalte des Gesetzes sind die Einführung von Versicherungsnachweisen und elektronischer Aktualisierung von Kundenstammdaten. Dazu sollen alle wesentlichen Unterlagen in elektronischen Patientenakten mit dem Zugang für Patient und dem befugten Arzt vorliegen. Durch Datenspiegelung, also einer exakten Kopie des Datensatzes, muss ein ständiger Zugang für den Patienten ermöglicht werden. Die Forcierung den Technologieeinsatz im Gesundheitswesen zu erhöhen, dient zur Ökonomisierung sowie der Maximierung der Effizienz der Arbeitsabläufe und zur Entlastung der Ärzte (ebd.).

2.3.2 E-Health-Anwendungen in klinischen Bereichen

E-Health-Daten dienen der Forschung, Arzneimittelentwicklung und Risikoanalyse. Es können in allen klinischen Bereichen Anwendungen gefunden oder integriert werden, die sich technologischer Anwendungen bedienen. Dabei bilden E-Health in Kombination mit dem Segment Fitness, die Fitnessapps und Wearables beinhalten, eine große Rolle im Bereich Prävention, also dem Vermeiden und Vorbeugung von Erkrankungen.

Im Jahr 2015 stellten in Deutschland Herzkrankheiten die häufigste Todesursache dar und unter den sechs häufigsten Todesursachen befinden sich weitere chronische Erkrankungen (Buss 2017: S.12).

Erwähnenswert dabei ist, dass Herzerkrankungen und andere Erkrankungen oft vermeidbar sein können und meist einem ungesunden Lebensstil geschuldet sind, sofern genetische Prädispositionen nicht vorliegen.

Laut Bassuk/Manson und Gaesser senkt regelmäßiges körperliches Training das Herz-Kreislauf-Erkrankungsrisiko um bis zu 50 %. Eine Vielzahl von Studien und Metaanalysen zeigen, dass ein signifikanter Effekt auf Symptomatik und dadurch auf die Lebensqualität Betroffener erzielt wird (Karanikas 2016: S. 497).

Folglich bedeutet somit E-Health auch Aufklärung über die Prävention von Krankheiten. Dies kann beispielsweise über digitale Medien erfolgen und innerhalb kürzester Zeit werden hierdurch viele Menschen erreicht.

An genau diesem Punkt können die digitalen Angebote ansetzen. Im klinischen Bereich sind in der Prävention eine Menge an E-Health Anwendungen im Einsatz. Darunter fallen smarte Kleidung, Fitnessarmbänder, Smart-Watches, portable Asthmasensoren, Fitness-Apps, Ernährungs-Apps, Gesundheitswebsites und Online Fitnesscenter. In diesem Bereich sollte das Hauptaugenmerk von Patienten und Nicht-Patienten liegen um Krankheiten nicht aufkommen zu lassen oder Folgeerkrankungen zu verhindern. Darauf aufbauend können die Kosten minimiert werden, wenn die Zahl an Erkrankungen und Erkrankten präventiv reduziert werden (Buss 2017: S. 4).

Ein Schritt weiter im Bereich der Diagnose finden sich Tele-EEG, vernetzte Blutdruckmessgeräte, Ultraschall, digitale Mikroskope, Diagnoseapps und Online-Expertenplattformen wieder.

Gefolgt von Prävention und Diagnose kommt das Segment rund um die Therapie und Chirurgie. Einige Beispiele aus diesem Bereich wären Implantat-Chips, Robotic Surgery, Smart Glasses, digitale Sprechstunden und Ärzte-Websites. Im letzten klinischen Bereich, der Behandlung und Genesung beinhaltet, kommen vernetzte Ultraschall-Einheiten, vernetzte Blutzucker-Messgeräte, vernetzte Atemfrequenzmesser, Tele-EKG, Onlineapotheken und Telemonitoring Software zum Einsatz (ebd.).

Trotz einem Umfrageergebnis in dem nur 40 % angaben, dass sie schon von E-Health gehört haben und diesen Begriff erklären können (Buss 2017: S. 6), wird für die Bevölkerung das Gesundheitsbewusstsein immer wichtiger und mit steigender Smartphone- und Internetnutzung entwickelt sich E-Health zu einem wichtigen Trend. Es stellt für den IKT-Sektor (Informations- und Kommunikationstechnologie) einen der Top-Ten-Technologietrends im deutschen IKT-Markt 2017 dar (Buss 2017: S. 5).

Ein wesentlicher Vorteil von IKT-gestützten Anwendungen sind die Kosteneinsparungen im Gesundheitsbereich, die entstehen könnten. Da die Bevölkerung in Deutschland sich im demografischen Wandel befindet und älter wird, einer geringeren Geburtenrate geschuldet, steigt dementsprechend auch die Prävalenzrate für chronische Erkrankungen. Dies würde bedeuten, dass mehr Menschen eine medizinische Versorgung benötigen. Die Gesundheitsausgaben werden somit zwangsläufig weiter ansteigen.

Um diesem Trend entgegen zu steuern muss nach Möglichkeiten gesucht werden, die pro Kopf Gesundheitsausgaben zu verringern. Laut einer Prognose von Statista werden diese, in einem Zeitraum von 2016 bis 2021, von ca. 4.500 Euro auf geschätzte 5.300 Euro anwachsen. Des Weiteren stiegen zugleich die absoluten Gesundheitsausgaben um 3,2 % jährlich, so dass für 2016 Werte in Höhe von 360 Mrd. Euro vorliegen (Buss 2017: S.9f.).

Aufgrund der steigenden jährlichen Gesundheitsausgaben erhoffen sich die Krankenkassen, durch die Digitalisierung im medizinischen Sektor, finanzielle Entlastungen, die mittels geförderter Prävention und effizienterer Therapie erreicht werden kann.

Um diesen Sachverhalt zu verdeutlichen zeigt der Markreport von Statista auf, wie die ersten Krankenversicherungen seit geraumer Zeit ihren Kunden E-Health-Fitnessprogramme anbieten. Ein Beispiel wäre die AOK Nordost, die eine Förderung von 20€ für Sport-Apps, Fitnessportale und Onlinekurse anbieten. Für Selftracking- und andere Fitnessgeräte erhalten die Versicherten eine Förderung von 50 €. Zudem bieten einige Krankenversicherungen neuerdings für ihre Kunden eigene Fitness-Apps an (Buss 2017: S. 14).

Es wird deutlich, dass die Krankenkassen selbst aktiv werden um die Prävention von Krankheiten durch eigene Programme voranzutreiben um somit die Anzahl an Neuerkrankungen zu minimieren. Da innerhalb der E-Health-Branche ein positiver Trend erwartet wird, kann davon ausgegangen werden, dass die Kostenentlastungen eines Tages realisiert werden.

2.4 Beweggründe

Warum Fitness-Apps oder Wearables so beliebt sind erklärt sich einerseits daraus, dass sie die Motivation sich körperlich zu betätigen steigern. Durch motivierende Sprüche, Belohnungen und Trophäen, die nach absolvierten Einheiten verteilt werden, wird die Motivation aufrecht gehalten (extrinsische Motivation). Weiterhin werden Schrittzahl, Lauftempo, Art der Aktivität und durchschnittlich verbrannte Kalorienzahl angezeigt sowie Trainingsmethoden vorgeschlagen, die den Trainingserfolg steigern, wodurch der eigene Antrieb der Nutzer geweckt werden soll (intrinsische Motivation). Je nach Version oder Upgrade stehen dem Benutzer mal mehr oder weniger Funktionen zur Verfügung. Somit hat der Trainierende schnell und direkt das „Handwerkszeug" vor sich liegen und kann seinen Erfolg stetig überprüfen, was zusätzlich motiviert (Hasse 2017).

Laut einer Forsa-Umfrage, die unter Nutzern von digitalen Trainingsbegleitern erfolgte, gaben 65 % an mit ihren Trainingsbegleiter Fortschritte und Trainingserfolge zu beobachten und zu dokumentieren (TK 2016).

Andererseits sieht sich der Nutzer als ein Teil der digitalen „Sport-Community" an und kann in eingerichteten Plattformen innerhalb der App, sich mit anderen Usern austauschen. Das heißt niemand ist auf sich alleine gestellt und alle gehen durch die gleichen Übungen, Trainingseinheiten, Ernährungsumstellungen oder Diäten. Es entsteht ein Gemeinschaftsgefühl, obwohl sich die Leute nicht persönlich kennen oder je gesehen haben. Gefahr einer solchen Community könnte das Intensivieren der Aktivitäten und das Übertrumpfen anderer sein, das ins Negative übergeht. Bei diesem Szenario würde eher die Jagd nach Trophäen und besseren Leistungen im Vordergrund stehen, als der Spaß am Sport. In diesem Falle sollten App-Nutzer sich bewusst werden, dass das eigene Ich wichtiger ist, als der zwanghafte Vergleich (ebd).

Weitere Gründe für die Nutzung von digitalen Anwendungen, die von Wearables-Besitzern genannt werden, sind die Beschäftigung mit neuartiger Technik oder dass sie den Alltag erleichtern sollen. Es können aber auch eher oberflächliche Gründe sein wie beispielsweise, dass nicht so oft nach dem Smartphone in der Hosentasche gekramt werden soll oder dass eine Smartwatch rein aus Prestige-gründen getragen wird (Statista Wearables Dossier 2017: S. 57).

Es wird deutlich, dass es viele mögliche Beweggründe gibt, die Menschen dazu bringt sich mit neuartigen Technologien zu beschäftigen, die ihre Lebensqualität steigern könnten.

2.5 Ausgewählte Krankheitsbilder

In diesem Teil der Arbeit soll auf ausgewählte Erkrankungen eingegangen werden, die in Deutschland und weltweit im Vordergrund stehen. Diabetes mellitus, Bluthochdruck und Herzinsuffizienzen stehen im Hauptaugenmerk der Betrachtung. Theoretische Grundlagen zu Ätiologie, Pathogenese und Epidemiologie, die diese Erkrankungen kennzeichnet, werden auch behandelt. Dadurch soll die heutige und künftige Prägnanz dieser Krankheitsbilder deutlich werden und warum es sich um Zivilisationskrankheiten handelt.

Die Ätiologie beschäftigt sich mit den Ursachen einer Erkrankung und ihren auslösenden Faktoren (Antwerpes et al. o. J.). Das heißt dieser Bereich befasst sich mit der Beschreibung der Ursache einer Krankheit. In diesem Kontext wird in der Praxis oft sinngemäß der Begriff Pathogenese verwendet. Die Pathogenese hingegen beschreibt die Entstehung einer Erkrankung oder den Verlauf eines krankhaften Prozesses bis hin zur Erkrankung (Antwerpes et al. o. J.).

Epidemiologie beschäftigt sich mit der Verteilung von Krankheiten innerhalb einer Bevölkerung und mit den Variablen, die damit zusammenhängen. Somit können Aussagen über Häufigkeiten oder Seltenheiten von Erkrankung in einer Bevölkerungsgruppe getroffen werden (Nicolay et al. o. J.)

All diese Kriterien dienen zur Einschätzung der jetzigen Situation innerhalb der Bevölkerung und zur Projektion auf deren zukünftigen Entwicklung.

2.5.1 Diabetes Mellitus

Unter dem Begriff Diabetes mellitus können verschiedene Störungen des Kohlenhydratstoffwechsels verstanden werden. Die Ursache ist ein Insulinmangel oder eine verminderte Insulinwirksamkeit, was zu einer Erhöhung der Blutzuckerwerte führt. Hier wird zwischen den zwei häufigsten Diabetestypen unterschieden, nämlich dem Typ 1 und Typ 2.

5 - 10 % der Diabetes betroffenen Menschen leiden am Typ 1 Diabetes. Es handelt sich hierbei um eine Autoimmunerkrankung, bei der es zu einer Bildung von Antikörpern gegen die Inselzellen der Bauchspeicheldrüse (Pankreas) kommt. Die Inselzellen der Pankreas bilden Insulin. Insulin besitzt die Aufgabe die Aufnahme von Glukose in die Körperzellen zu regulieren. Das bewirkt, dass der Blutzuckerspiegel gesenkt wird. Durch die Zerstörung der Inselzellen, die Insulin produzieren, kommt es zu einem absoluten Insulinmangel. Diese Patienten sind auf eine Insulintherapie angewiesen (Karanikas 2016: S. 469).

Die restlichen 90 % der Erkrankten kann dem Typ-2-Diabetes zugeordnet werden. Bei dieser Variante liegt nicht ein Insulinmangel, sondern eine Insulinresistenz vor. Ursachen sind meist Adipositas, arterielle Hypertonie und erhöhte Blutfettwerte. „Dieses sogenannte metabolische Syndrom führt zu einer zunehmenden Unempfindlichkeit der Zellen gegenüber Insulin. Daraus resultiert eine Zunahme der Glukosekonzentration im Blut und somit auch ein Anstieg des Insulinspiegels" (Karanikas 2016: S. 470). Die Folge ist, dass die Anzahl an Insulinrezeptoren an den Körperzellen sinkt, sodass sie zunehmend resistenter werden.

Es wurde früher vom Erwachsenen- bzw. von Altersdiabetes gesprochen, jedoch trifft diese Bezeichnung in der heutigen Zeit mit Fast Food im Überfluss sowie Bewegungsmangel bereits im jungen Alter, nicht mehr zu. Die Zahl an jungen Menschen, vor allem Kinder und Jugendliche, nimmt zu und stellt einen der Hauptgründe dar, weshalb immer mehr junge Leute mit dieser Krankheit zu kämpfen haben. Im Jahre 2014 betrug der Anteil an übergewichtigen Mädchen, im Alter von 11 bis 15 Jahren, in Deutschland 7,7 %. Bei den Jungen betrug der Anteil 10,1 % (WHO 2016).

Diabetes ist weltweit auf dem Vormarsch und kann bereits als Volkskrankheit bezeichnet werden. Die IDF (International Diabetes Federation) geht von rund 425

Millionen Betroffenen, bzw. von 8,8 Prozent der Weltbevölkerung, aus. Der IDF kann zugestimmt werden, wenn sie die Erkrankung als „globale Epidemie" bezeichnet, denn die Anzahl an Diabetespatienten und die damit verbundene Prävalenz wird weiter steigen. Schätzungen zufolge werden im Jahr 2045 um die 630 Millionen Menschen weltweit an der Stoffwechselerkrankungen erkrankt sein (IDF 2017).

Schätzungsweise liegt die weltweite Dunkelziffer um einiges höher. Es wird von weiteren 179 Mio. nicht-diagnostizierten Diabetes-Fällen ausgegangen (IDF 2014).

Dieser negative Trend wird sich auch in der Zahl der Todesfälle bemerkbar machen. Diabetes ist in den meisten Fällen mit Begleit- oder Folgeerkrankungen verbunden. Es kann zu Makroangiopathien (Schädigung der größeren Blutgefäße) bzw. Mikroangiopathien kommen, die zu arteriosklerotischen Veränderungen führen können und die das Schlaganfallrisiko erhöhen. Weitere mögliche Folgeerkrankungen sind die Nephropathie (Durchblutungsstörung der Nierengefäße), die zur Niereninsuffizienz führt und die Neuropathie. Dies sind nur einige Beispiele des sogenannten diabetischen Spätsyndroms. Die Anzahl der Todesfälle, die auf Diabeteserkrankungen zurückzuführen waren, lag im Jahr 2014 bei 4,9 Mio. Menschen (Karanikas 2016). Wenn die Diabeteserkrankungen weiter zunehmen, wie die IDF es prognostiziert, wird auch die Zahl der Todesfälle steigen.

Des Weiteren ist die Gesellschaftsschicht von Bedeutung. Es erkranken öfter Menschen, die aus sozial schwachen Verhältnissen kommen. Mit rund 77 % machen sie den Großteil der Erkrankten aus (IDF 2014). China hat mit 115 Mio. Diabeteserkrankten momentan die meisten Fälle der neuen Zivilisationskrankheit. Es wird hier jedoch kaum ein signifikanter Anstieg in den nächsten Jahren zu verzeichnen sein. Indien hingegen wird einen Anstieg von 73 Mio. auf 135 Mio. Erkrankten erleben und damit im Jahre 2045 in dieser Kategorie an oberster Position stehen (IDF 2017).

2.5.2 Bluthochdruck

Bluthochdruck, auch als Hypertonie bezeichnet, meint die Erhöhung eines Drucks oder einer Gewebespannung, die über die normalen physiologischen Eigenschaften hinausgeht. Zumeist wird hierbei der erhöhte Druck in den Blutgefäßen gemeint.

Es gibt drei unterschiedliche Formen der Hypertonie: die arterielle Hypertonie (hoher Blutdruck im Körperkreislauf), pulmonale Hypertonie (hoher Blutdruck im Lungenkreislauf) und die portale Hypertonie (Pfortaderhochdruck) (Antwerpes et al. o. J.).

Da es im medizinischen Sektor meist um den arteriellen Bluthochdruck geht, wird auf diesen explizit im Laufe dieses Abschnittes eingegangen werden.

Der Blutdruck setzt sich aus zwei Größen zusammen. Die obere Zahl zeigt den systolischen Wert und die untere zeigt den diastolischen Wert an. Unter der Systole wird die Kontraktionsphase des Herzmuskels verstanden, in der das Blut in die Peripherie oder ausgeworfen wird (Antwerpes et al. o. J.). Die Diastole bezeichnet die Entspannung- und Erschlaffungsphase des Herzmuskels. In dieser Phase füllt sich das Herz mit Blut, das mit der nächsten Systole wieder in den Kreislauf befördert wird (ebd.).

Ein optimaler Blutdruck wird bei unter 120 mmHg systolisch und unter 80 mmHg diastolisch gesehen. Von Hypertonie ist die Rede, wenn der Blutdruck Werte ab und über 140/90 mmHg erreicht (WHO).

Laut der deutschen Hochdruckliga haben 20 bis 30 Mio. Bundesbürger Bluthochdruck und vier von fünf Menschen wissen bereits von der Erkrankung. Von den Personen, die es wissen, lassen sich ca. 88 % behandeln (Deutsche Hochdruckliga 2017).

Bluthochdruck ist aus diversen Gründen nicht zu vernachlässigen. Da die Hypertonie meist keine Schmerzen verursacht, bleibt diese den Betroffenen lange Zeit unerkannt. Es ist insofern tückisch, da die Nicht-Behandlung dieser Erkrankung gefährliche Folge- und Begleiterkrankungen verursachen könnte. So kann der Krankheitsverlauf (Pathogenese) mehrere Formen annehmen.

Die WHO teilt die arterielle Hypertonie nach Organschädigung in drei Grade ein. Grad I bezeichnet die Hypertonie ohne Endorganschäden. Grad II wird als Hypertonie mit Endorganschäden bezeichnet, z. B. Plaquebildung in größeren Gefäßen. Der dritte Grad ist die Hypertonie mit manifesten kardiovaskulären Folgeerkrankungen wie beispielsweise Angina pectoris, Herzinfarkt, Apoplex oder pAVK (Antwerpes et al. o. J.).

Weitere Organschäden die durch Bluthochdruck auftreten können, wären die Schädigung der Netzhaut und Gefäßschädigungen im Nierenbereich, die zur chronischen Nierenschwäche und Nierenversagen führen können. Auch Durchblutungsstörungen im Bereich des Gehirns begünstigen weiterhin eine chronische Minderversorgung wichtiger Nährstoffe und des Sauerstoffs. Einschränkungen in der Hirnleistung und verfrühte Demenz sind mögliche Folgen (Huber und Feichter 2018).

Risikofaktoren für die Entstehung von Hypertonie sind vielfältig. Genetische Faktoren, Rauchen, Adipositas, Bewegungsmangel, Stress und hoher Alkoholkonsum können mögliche Risikofaktoren darstellen. Meist sind keine ersichtlichen Ursachen zu erkennen.

Schlägt eine Lifestyle Veränderung, also gesunde Ernährung, Nikotinverzicht und regelmäßige Bewegung nicht an, muss auf eine medikamentöse Therapie zurückgegriffen werden. Diese beinhalten häufig ACE-Hemmer, Betablocker, Diuretika oder Kalziumantagonisten (IGWiG 2012).

Damit stellt Hypertonie einen großen Bereich dar, der Gesundheitssystem sowie Wirtschaftszweige betrifft. Prävalenz, Folgeerkrankungen und medikamentöse Therapie machen Bluthochdruck zu einem wichtigen Markt um künftige Kostenausgaben zu reduzieren, z. B. durch E-Health-Anwendungen.

2.5.3 Herzinsuffizienz

Unter Herzinsuffizienz ist die verminderte Pumpfunktion des Herzens zu verstehen und dadurch eine verminderte körperliche Leistungsfähigkeit. Laut der deutschen Herzstiftung leben ca. 1,8 Millionen Menschen mit einer Herzinsuffizienz in Deutschland (Becker o. J.).

Ursachen für eine chronische Herzinsuffizienz sind meist kardiovaskuläre Erkrankungen, wie die KHK (koronare Herzkrankheit) oder Ischämie, aber auch Hypertonie und Vorhofflimmern (Stolze et al. o. J.).

Die Herzinsuffizienz wird nach der New York Heart Association (NYHA) in bestimmte Stadien eingeteilt. In Stadium I treten noch keine Einschränkungen in der Belastbarkeit auf und Symptome bleiben aus, trotz diagnostizierter Herzkrankheit. Stadium II zeigt leichte Einschränkungen der Belastbarkeit. Es treten nur Symptome bei stärkerer Belastung auf. In Stadium III weisen die Betroffenen starke Einschränkungen der Belastbarkeit auf. In Ruhe herrscht Beschwerdefreiheit, jedoch treten die ersten Symptome bei leichter Belastung auf. Stadium IV äußert sich mit starken Einschränkungen in allen körperlichen Aktivitäten sowie in Ruhe. Die Symptome beinhalten Atemnot, allgemeine Schwäche und Müdigkeit, Angina pectoris, häufiges nächtliches Wasserlassen und Ödeme (Nicolay et al. o.J.). Durch diese Einschränkungen in der Belastbarkeit geht ein Stück Lebensqualität verloren und belastet die Betroffenen sehr stark im Alltag. Herzinsuffizienz ist zwar nicht heilbar, jedoch meist gut behandelbar. Im Idealfall werden die ersten Symptome frühzeitig erkannt, bevor sich eine chronische Herzinsuffizienz einstellt und die medikamentöse Therapie von Nöten wird.

Herzinsuffizienz wird unter dem Sammelbegriff Herz-Kreislauf-Erkrankungen zusammengefasst. Kardiovaskuläre Erkrankungen stellen die häufigste Todesursache in Deutschland dar. Das Statistische Bundesamt gibt an, dass im Jahre 2015 Krankheiten des Kreislaufsystems die häufigste Todesursache in Deutschland darstellte. Der prozentuale Anteil, im Vergleich zu allen Todesursachen, wurde dabei auf ca. 39 % bemessen (Statistisches Bundesamt 2017). Damit verursachen Herz-Kreislauf-Erkrankungen die größten Gesundheitskosten aller Erkrankungen. Mit 46,4 Mrd. Euro und einem Anteil von 13,7 % entfallen die höchsten Ausgaben in diesen Bereich. In dieser Angabe wurden alle ökonomischen Folgen für die Volkswirtschaft im Jahr 2015 berücksichtigt, aber auch die unmittelbar mit der Heilbehandlung entstehenden Kosten, sowie Ausgaben für Präventions-, Rehabilitations- und Pflegemaßnahmen wurden mit einbezogen (Hedda 2017).

Das durchschnittliche Sterbealter liegt relativ hoch für kardiovaskuläre Erkrankungen. Laut Literatur liegt das Alter der Personen, die an kardiovaskulären Ereignissen sterben, zu 90 % über 65 Jahre (Karanikas 2016: S. 499). Durch das steigende Alter erhöht sich das Risiko zu erkranken zunehmend. Zusätzlich vollzieht sich der demographische Wandel, der dies weiter beeinflusst. Es wird deutlich, dass durch die alternde Bevölkerung und der steigenden Mortalitätsrate im Alter der Handlungsbedarf sehr groß sein wird, um durch digitale Alternativen das Erkrankungsrisiko zu minimieren und damit Kosteneinsparungen zu erreichen.

3 Methodik

Die Basis dieser Arbeit bildet die Literaturrecherche. Statistik- und Datenplattformen wie Statista, IDC oder Gartner liefern dabei die aktuellsten Datenlagen zu den jeweiligen Gebieten. Unter anderem bieten der Marktreport E-Health und der Segment Report „eServices Report 2018 – Fitness" eine gute Grundlage für die Beurteilung der Marktsituation.

Der Statista Digital Market Outlook „E-Health Deutschland 2017" beinhaltet die ausgewählten E-Health-Themen Prävention, Gesundheitsüberwachung und Behandlung. Der Markreport bietet somit die Grundlage, das Umsatz- und Nutzerpotential zu erfassen. Dabei geht dieser Report auf E-Health-Lösungen und Produkte ein, die für chronische Krankheiten relevant sind. Zu denen zählen in dieser Arbeit Diabetes, Bluthochdruck und Herzinsuffizienz. In diesem Teil der Arbeit wird auf die Marktsituation, Marktvolumen, Nutzerzahlen und Wachstumspotential eingegangen, die in diesen medizinischen Sektoren vorliegen. Diese Studie bildet die Säule für die weitergehende Recherche und Analyse.

Der Statista Digital Market Outlook Segment Report „eServices Report 2018 – Fitness" ist vom Prinzip genau so aufgebaut, jedoch bildet dieser das Segment Fitness dar. In der Betrachtung sind Apps und Wearables enthalten. Der Report zeigt die heutige und zukünftige Marktsituation und Prognose. Inbegriffen sind die Entwicklungen in den Schlüsselmärkten China, USA und Europa.

Die in dieser Arbeit verwendeten Marktreporte und Digital Market Outlooks stellen repräsentative und sichere Quellen für die Beurteilung der heutigen und zukünftigen Marktsituation dar. Um valide Marktabschätzungen abzugeben, evaluiert das Analytik-Team von Statista alle zentralen Einflussfaktoren auf die fortlaufende Marktentwicklung. Zudem werden globale Vergleiche gezogen, über 50 Länder und Regionen betrachtet sowie methodisch konsistente Befragungsdaten gesammelt. All diese Faktoren führen zu einer effektiven Einschätzung des Marktes (Statista Methodik 2018).

Des Weiteren wurden Umfrageergebnisse berücksichtigt, die von Statista durchgeführt wurden oder von der Statistik Plattform zur Verfügung gestellt werden und als Sekundärquelle kenntlich gemacht wird. Hierbei ging es nicht um eine komplette Analyse der Umfrage, sondern um das Herausfiltern einiger Erkenntnisse aus dem Bereich Sport- und Fitnessapps. Das Ziel bestand darin zu erkennen, welche Altersgruppen interessiert sind und welche Apps konkret genutzt werden. Die Statista-Umfrage „Fitness und Sport 2018" wurde vom 16.03. –

20.03.2018 erhoben und ist eine Online-Umfrage. Die befragte Region ist Deutschland und die Stichprobe ist die deutsche Online-Bevölkerung. Insgesamt machten 1003 Leute in der Umfrage mit. Das Alter der Befragten liegt bei 18 bis 69 Jahren. Themen der Umfrage sind Allgemeine Fragen, Fitnessstudio, Yoga, Sport- und Fitnesszubehör, Fitnessernährung, Sportinspiration und Demographie. Hauptaugenmerk wird hierbei auf der Rubrik Sport- und Fitnesszubehör liegen. Zudem bezieht diese Umfrage Kopfgruppen mit ein, die Geschlecht, Alter, Haushaltsnettoeinkommen, Body Mass Index und Sporthäufigkeit enthalten. Damit stellt diese Umfrage ein repräsentatives Utensil dar.

Die Umfrageergebnisse für die Wearables wurden aus dem Statista Dossier „Wearables" entnommen. Das Dossier umfasst gesammelte Daten neben Umfragen auch Marktdaten zu diesem Segment. Diese Sammlung bietet eine Übersicht über die relevanten Informationen und Ergebnisse. Ziel in der Betrachtung der Umfragen war es zu erkennen, um welche Käufer- und Nutzergruppen es sich im Bereich Fitnessapps und Wearables handelt.

Aus den Umfragen wurde jeweils eine Frage herausgenommen, die das Nutzer- und Käufergruppe erahnen und herausfiltern lassen.

Zusätzlich muss zu jedem Markt der betrachtet wird, der Markt definiert sein. Das heißt es muss im Vorfeld klar sein, welche Kriterien berücksichtigt werden und welche außer Acht gelassen werden. Dies ist wichtig für die Betrachtung, Analyse und Schlussfolgerung der Ergebnisse. Da sich die Marktdefinitionen in jedem Bereich etwas unterscheiden, sei es im Fitnesssektor oder im Gesundheitssektor, wird direkt vor den eigentlichen Ergebnissen der Markt definiert. Dies sorgt für eine zusammenhängende übersichtliche Darstellung der Ergebnisse und dem Ist-Zustand von E-Health.

4 Ergebnisse und Ist-Zustand E-Health

Die drei großen Schlüsselbereiche sind Apps, mHealth oder Wearables und Telehealthcare (Telemedizin). Diese drei Segmente genießen in der heutigen Zeit der Vernetzung, neuer Technologien und moderner mobiler Geräte einen wahren Boom. Die Einsatzmöglichkeiten sind vielfältig. Diese reichen vom Privatgebrauch über Prävention, Diagnose, Therapie und Rehabilitation, bis hin zur Verbesserung des Arzt-Patienten-Verhältnisses. Technologien und Marktbereiche, die mittlerweile bestehen, werden beleuchtet und heutige und zukünftige Trends erläutert. Der kommende Abschnitt befasst sich mit dem Ist-Zustand von E-Health.

4.1 Sport- und Fitnessapps

Sport- und Fitnessapps erfreuen sich einer immer größeren Beliebtheit und werden im Segment Sport und Fitness in den nächsten Jahren eine große Rolle in Bezug auf Investitionen spielen. Einerseits werden Nutzer die mobilen Sportangebote als Chance für sich wahrnehmen um kostengünstig Gesundheit und Wohlbefinden zu verbessern oder aufrechtzuerhalten. Andererseits werden auch die Größen der Sportartikelindustrie diesen Markt aufmerksam überwachen und ihre Ziele in der Gewinngenerierung verfolgen.

4.1.1 Sportriesen investieren in Fitness-Apps

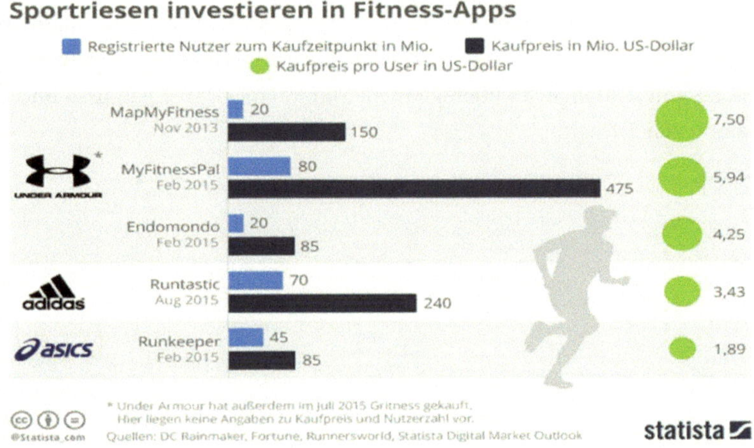

Abbildung 1: Sportriesen investieren in Fitness-Apps
(Quelle: Statista)

Aus der vorliegenden Abbildung wird ersichtlich wie viel Geld Sportartikelhersteller in die Hand nehmen um in diesen lukrativen Markt einzusteigen. Hierbei handelt es sich um namhafte und seit Jahren und Jahrzenten erfolgreiche Unternehmen. Deutlich wird, dass Firmen wie Under Armour, Adidas und Asics Millionen US-Dollar in intelligente Geschäftsmodelle, meistens in Start-Up Unternehmen, stecken. Die Grafik zeigt, welche Unternehmen von wem übernommen wurden und wie viele Millionen Nutzer zu diesem Zeitpunkt registriert waren. Des Weiteren werden der Kaufpreis in Mio. US-Dollar und der Kaufpreis pro User in US-Dollar aufgezeigt.

Der US-amerikanische Sportartikelhersteller Under Armour, damit direkter Konkurrent von Adidas, hatte im November 2013 und Februar 2015 bereits auf dem Markt der Sport-, Fitness-, Ernährungs-, und Gesundheitsapps zugeschlagen. Der Konzern erwarb die Dienste der beliebten Ernährungs-App MyFitnessPal für 475 Mio. US-Dollar, die mit 80 Mio. registrierten Nutzern zum Kaufzeitpunkt eine größere Reichweite als Runtastic besaß (Abb. 1).

Neben Apps, die die Laufaktivität beim Gehen und Joggen mit GPS-Funktion mitaufzeichnen wie Runtastic, Endomondo und Runkeeper, wird deutlich, dass weiterhin die Überwachung der Kalorienzufuhr zunehmend digital erfolgt, denn MyFitnessPal bietet neben der Aufzeichnung von Fitness-Aktivitäten überwiegend die Funktion der Ernährungs- und Nahrungsmittelsuche an. Es wird nahezu jedes Produkt angezeigt, was dem User ermöglicht dieses zu erfassen. Weiterhin wird die Makronährstoffverteilung angezeigt und darauf hingewiesen wie viel von jedem Nährstoff notwendig sei, um das Essverhalten zu verbessern. Unter anderem kaufte das Unternehmen im selben Zeitraum die dänische Fitness-App Endomondo für eine deutlich geringere Summe von 85 Mio. US-Dollar. Lange vorher im Jahre 2013 machte Under Armour einen ersten Schritt im digitalen Markt mit dem Erwerb von MapMyFitness. In Addition verbucht die hauseigene Fitness-Plattform rund 120 Mio. Nutzer. Erwähnenswert ist, dass wie in der Grafik angemerkt, die Verkaufszahlen und Daten zur Investition von Gritness im Juli 2015 nicht veröffentlicht sind und somit keine zusätzlichen Aussagen zu der absoluten Nutzerzahl getroffen werden können (Abb. 1).

Sekundär verfolgt das amerikanische Unternehmen ein weiteres Ziel. Durch die Akquisitionen soll ein „digitales Ökosystem" entwickelt werden, das eine Unmenge an Daten und Informationen liefert. Dies ermöglicht dem Betrieb Kundenwünsche leichter zu befriedigen und herauszufinden, welche Produkte besonders gut ankommen. Weiterhin kann mit den Apps durch gezielte Werbung und kostenpflichtige Premium-Versionen der Konzernumsatz gesteigert werden (Schürmann 2015). Hierbei kann jedoch davon ausgegangen werden, dass auch für die anderen Unternehmen wie Adidas, sowohl das Marktwachstum als auch der Kampf um relative Marktanteile und die Umsatzerhöhung eine primäre Rolle in der Geschäftspolitik spielen.

Der japanische Sportartikelhersteller Asics erkannte auch eine große Chance in den Sport- und Fitnessapps und akquirierte Februar 2015 Runkeeper für 85 Mio. US-Dollar (Abb. 1). Asics, die auf Platz sieben mit 3,2 Mrd. Euro Jahresumsatz der umsatzstärksten Sportartikelhersteller weltweit liegen, dicht hinter Puma und New Balance mit jeweils 3,6 Mrd. Euro Umsatz (Stand 2016), versuchen derweil, mit ihren Investitionen im digitalen Sportangebot, ihre „Nachbarn" und Konkurrenten in dieser Platzierung zu übertrumpfen (Statista Unternehmensangaben 2017).

Der deutsche Sportartikelhersteller Adidas kaufte im August 2015 den österreichischen App-Anbieter Runtastic für geschätzte 220 - 240 Mio. und machte sich dadurch zum Hauptanteilseigner des Unternehmens. Mit 70 Mio. registrierten Nutzern zum Kaufzeitpunkt, ist Runtastic als einer der weltweit führenden Anbieter im Bereich mobiler Sport-Apps anzusehen (Hofmann 2015). Interessant ist hier zugleich der Zeitpunkt des Kaufes. Nachdem Under Armour und Asics die ersten Schritte in diesen Markt tätigten zog auch Adidas nach und versucht aller Voraussicht nach nicht den Anschluss in diesem Marktsegment zu verpassen.

Die Notwendigkeit von intelligenten Apps wird ebenfalls in Zukunft von hoher Bedeutung sein, denn die Flexibilität und Autonomisierung, wenn es um das eigene Wohlbefinden und die eigene Gesundheit geht, stehen hoch im Kurs. Weitere Investitionen der Unternehmen sind nicht auszuschließen. Der Trend ist gegeben. Dies erkannten auch die „Sportriesen" und werden weiterhin diesen Markt überwachen.

4.1.2 Käufer- und Nutzergruppe

Die vorliegenden Angaben und Aussagen wurden anhand der Statista Umfrage „Sport und Fitness 2018" getroffen. Die Umfrage umfasst komplett den Bereich Sport und Fitness, jedoch sollen nur die wichtigsten Informationen bezogen auf Sport-, Fitness- und Gesundheitsapps herausgefiltert werden. Aus der ausführlichen Umfrage wird die Rubrik „Sport- und Fitnesszubehör" herangezogen. Es wurden nur die Fragen berücksichtigt, die das Kriterium „Apps" berücksichtigen. Das Ziel ist es die Käufer- und Nutzergruppe zu ermitteln.

Eine Frage, die herangezogen wird aus der Umfrage, lautete: „Welche der folgenden Sport- und Fitnessapps nutzen sie regelmäßig?". Diese Frage wurde auf jegliche Fitnessapps bezogen. Von den 1003 Teilnehmern (n) antworteten 18 % (n = 177) mit der Antwort „nutze ich". 14 % der Befragten (n = 144) gaben an, dass sie diese gerne nutzen würden. Währenddessen gaben 68 % (n = 682) an, dass sie keine Fitnessapps benutzen. Auffälligkeiten zwischen männlichen und weiblichen Teilnehmer gibt es nicht. Jedoch sind Unterschiede innerhalb der Altersgruppen zu erkennen (Statista Umfrage Sport & Fitness 2018).

In der Umfrage wurden vier Altersgruppen unterschieden, die allesamt unterschiedliche Ergebnisse aufweisen. Die vier Gruppen sind von ihrer Anzahl an Befragten ausgeglichen. Im Folgenden werden nur die zwei Antworten „nutze ich" und „nutze ich nicht" betrachtet. In Gruppe eins (n = 210; 18 - 29 Jahre) gaben 31 % an Fitness-Apps zu nutzen. 47 % hingegen nutzen diese Anwendungen nicht. In Gruppe zwei (n = 193; 30 - 39 Jahre) gaben 22 % die Nutzung von Fitnessapps an. 58 % dieser Gruppe gaben an, dass sie keine Fitnessapps nutzen. In der dritten Gruppe (n = 214; 40 - 49 Jahre) hatten 14 % die Antwort „nutze ich" gewählt. Dagegen stehen 71 %, die die Antwort „nutze ich nicht" gewählt haben. Die vierte Gruppe (n = 386; 50 Jahre und älter) weist den höchsten Wert auf in der Nicht-Nutzung von Fitnessapps. Ganze 83 % nutzen diese Applikationen nicht. Nur 10 % gaben an Fitnessapps zu nutzen (ebd.).

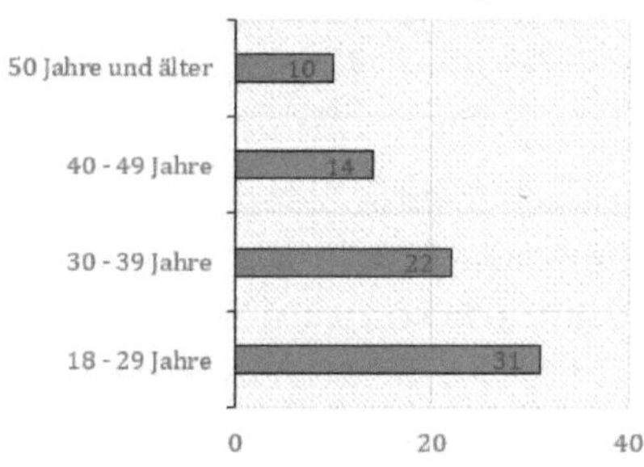

Abbildung 2: Käufer- und Nutzergruppen für Sport- und Fitness-Apps
(Quelle: eigene Darstellung. Werte nach Statista)

Die Ergebnisse sind eindeutig und werden in der vorliegenden Abbildung grafisch dargestellt. Die Grafik veranschaulicht den Anteil der nutzenden Befragten. Die jüngeren Altersgruppen greifen auf Fitnessapps zurück und nutzen diese auch. Je fortgeschrittener das Alter ist, desto mehr Personen nutzen die Applikationen nicht. Zurückzuführen kann diese Erscheinung darauf, dass die ältere Gesellschaft eine geringe Affiliation gegenüber neuen Technologien aufweist. Da diese Generation nicht mit den digitalen Geräten aufgewachsen ist, also nicht zu den sog. „digital natives" gehört, scheinen der Bedarf und das Interesse an Veränderung nicht zu bestehen. Jedoch sollte diesem Missstand in Zukunft entgegengewirkt werden, denn für die Prävention von Erkrankungen stellt diese E-Health-Anwendung, also Sport- und Fitnessapps, eine wichtige Größe dar.

4.1.3 Wachstumspotential

Da die Analyse und Recherche größtenteils über die Statistik-Plattform „Statista" erfolgt, muss zunächst definiert werden, welche Kriterien ihrerseits herangezogen wurden:

> „Im Marktsegment „Apps" werden Fitness- und Ernährungsapps betrachtet, also Kalorien zähler, Ernährungstagebücher oder Apps zum Erfassen / Tracken / Analysieren und Teilen von Vitalitäts- und Fitnesswerten. Apps ohne direkte Messung und Auswertung von Vitali-täts- und Fitnesswerten (z. B. Übungsbeschreibende Apps oder Nahrungsmittel-Lexika) sindjedoch ausgeschlossen. Die Nutzerabbildung beinhaltet ausschließlich zahlende Kunden,also Nutzer von kostenpflichtigen App-Downloads, Premium-Versionen oder In-App Angeboten. Nutzer von werbefinanzierten Apps werden nicht abgebildet. Die Umsätze beinhalten ebenfalls ausschließlich Erlöse aus kostenpflichtigen Downloads, Premium-Versionen oder In-App Angeboten; eCommerce- und Werbeerlöse sind nicht mit inbegriffen" (StatistaeServices Fitness 2018).

Der Segment Report Fitness von Statista fasst den Fitnessmarkt in zwei Kategorien zusammen: Fitness-Apps und Fitnesstracker. Im Bereich der Fitness-Apps wird für die kommenden Jahre eine sehr hohe Wachstumsrate erwartet. Der Bereich rund um die Fitnesstracker wird erst im Laufe der Arbeit näher betrachtet. Im Folgenden stehen nur die digitalen Anwendungen im Vordergrund.

Laut Report betrug der Umsatz im Fitnessmarkt weltweit im Jahre 2017 9,9 Mrd. US-Dollar von dem 2,22 Mrd. Dollar auf Fitness Apps entfielen und dies ungefähr 22 % des globalen Marktes darstellt. Für 2022 wird der weltweite Umsatz in der Fitnessbranche auf gerundet 13,24 Mrd. Dollar prognostiziert und stellt damit eine CAGR von 6,1 % dar. In diesem Jahr wird der Sektor rund um die Applikationen um knapp das Doppelte ansteigen und 4,47 Mrd. Dollar betragen. Dies würde dann ca. 34 % des Marktes darstellen, der durch Fitness-Apps abgedeckt ist (Schreiber 2018: S. 4).

Während dieser Bereich extrem wächst, hat der Bereich Fitness Wearables eine deutlich geringere Wachstumsrate zu verzeichnen. Experten gehen von einem Wachstum aus, das rund 13 % in den nächsten vier bis fünf Jahren betragen wird. Jedoch ist dieser Teil des Fitnesssegments deutlich größer und birgt nicht mehr sehr viel Wachstum. Auf den Sektor Fitness Wearables wird im Laufe der Arbeit genauer eingegangen.

Hauptverantwortlich für das Wachstum im E-Health- und Fitnesssektor ist die Smartphone Penetration. Wie bereits anfangs erwähnt wird die Anzahl an Smartphone-Nutzern bis 2020 auf ca. 2,9 Mrd. geschätzt. Währenddessen ist auch die Internet-Penetration mit 82 % sehr hoch. Dies korreliert mit der Nutzung von Sport, Fitness-, und Gesundheitsapps, denn der Zugriff auf diese Anwendungen ist leichter und die Menschen können auf diese flexibler zugreifen.

Die Prognosen sprechen eine klare Sprache. Im Jahr 2022 wird eine Anzahl von 412,7 Mio. Nutzern für Fitness-Apps erwartet. Dies ist enorm, denn 2018 liegt die Zahl noch bei ca. 260 Mio. und erhöht sich somit um knapp 150 Mio. Wird weiterhin die Penetrationsrate betrachtet, so wird auch hier ein Zuwachs zu erkennen sein. Als Penetrationsrate wird der prozentuale Anteil der aktiven, zahlenden Nutzer (oder Accounts) der Gesamtbevölkerung im ausgewählten Markt nach Jahren bezeichnet. 2018 liegt die Zahl bei ca. 5,1 % und wird auf 7,85 % anwachsen (Statista Fitness weltweit 2018).

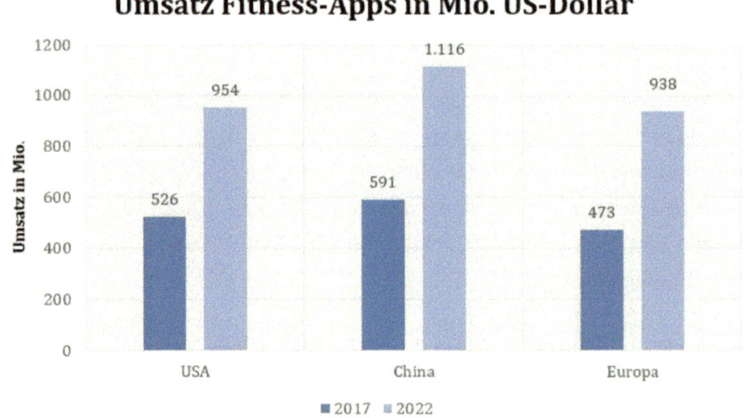

Abbildung 3: Umsatz Fitness-Apps in Mio. US-Dollar
(Quelle: eigene Darstellung. Werte nach Schreiber 2018)

Die drei großen Märkte bilden dabei die USA, China und Europa. Während Europa 2017 einen Umsatz von 473 Mio. US-Dollar im Bereich Fitnessapps zu verbuchen hat, stehen die USA mit 526 Mio. und China mit 591 Mio. US-Dollar an vorderster Front (Abb. 3). Dies lässt sich vermutlich auf die deutlich höhere Bevölkerung zurückführen.

Durch die stark steigende Nutzerzahl wird sich auch der Umsatz in den kommenden Jahren erhöhen. Der Digital Market Outlook – Segment Report von Statista nennt die größten Märkte im Fitnesssegment und deren Marktvolumen, sowie das Marktpotential in den einzelnen Gebieten. Die vorliegende Grafik zeigt die Umsätze in den Märkten 2017 und den voraussichtlich erwarteten Umsatz im Jahre 2022. Aus der Grafik wird ersichtlich, dass China den größten Umsatz generiert und auch in Zukunft vorne stehen wird. Mit einem prognostizierten Umsatz von 1,1 Mrd. stehen diese vor der USA (954 Mio.) und Europa mit 938 Mio. US-Dollar (Abb. 3).

Erfolgt weiterhin ein Marktvergleich wird deutlich, dass Europa in diesem Zeitraum die am schnellsten wachsende Region sein wird. Es wurde eine durchschnittliche jährliche Wachstumsrate von 14,7 % errechnet. China weist mit 13,5 % eine ähnlich hohe Rate auf. Die USA hingegen wird mit 12,7 % die kleinste jährliche Wachstumsrate in diesem Zeitraum aufweisen (Schreiber 2018: S. 11ff.).

4.2 Wearables

Bei den Wearables handelt es sich um Computersysteme, die am Körper getragen werden. Darunter fallen Smartwatches, Fitness-Tracker, aber auch der Bereich Smart Clothes. Der letztgenannte Bereich gewinnt zunehmend an Bedeutung, weil die Technologien sich stetig verbessern und sich dadurch mehr Einsatzmöglichkeiten ergeben. Zur Beurteilung der Marktsituation und dem Marktpotential werden die Kriterien von Statista herangezogen, die eine ausführliche Marktrecherche und -analyse durchgeführt haben.

4.2.1 Käufer- und Nutzergruppe

Bevor sich mit der jetzigen und zukünftigen Marktsituation auseinander gesetzt wird, wird sich damit beschäftigt wie brisant und aktuell das Thema Wearables, vor allem Smart Watches und Fitnessarmbändern, innerhalb der Gesellschaft sind. Hinterfragt wird das Interesse und die Nachfrage von Wearables. Dafür wurden die Umfrageergebnisse von Statista herangezogen.

Bei einer Umfrage von Statista, die nach Alter und Geschlecht unterscheidet und 1047 Teilnehmer, wurde gefragt, wer bereits Wearables für das Handgelenk nutze und wer kein Interesse habe derartige Wearables zu nutzen. Hier ist eine Gemeinsamkeit zu den Apps zu erkennen. Der Anteil der sie bereits nutzt, lag in der Altersgruppe 18 - 29 am höchsten mit 20 %. In der Gruppe der 30 – 59 jährigen noch bei 19 %. In der Gruppe der über 60-jährigen alten Befragten, lag die Quote nur bei 6 % (Statista Dossier Wearables 2017, S. 21).

Bei weiterer Betrachtung fällt auf, dass der Anteil der Leute, die kein Interesse an solchen Technologien haben, in den älteren Bevölkerungsgruppen deutlich höher ist. Die jüngste Gruppe (18 – 29 Jahre) wies eine Quote von 25 % auf, die keinerlei Interesse habe an Fitness-Tracker und Smart Watches. Bei der zweiten Gruppe (30 – 59 Jahre) stieg dieser Wert auf 42 %. Die letzte Gruppe (60 Jahre und älter) weist wie erwartet den höchsten Wert auf. Hier besteht kein Interesse bei 59 % der Befragten in dieser Altersgruppe (ebd.).

Wie auch in den Ergebnissen im Bereich „Apps" meiden eher die älteren Bevölkerungsgruppen die Nutzung und Anschaffung von Wearables.

4.2.2 Absatz

Absatz wird wie folgt definiert: „Der Absatz ist die letzte Phase des betrieblichen Leistungserstellungsprozesses. Im Mittelpunkt steht die Verwertung der erstellten Leistungen. Absatz umfasst alle Tätigkeiten, die mit der Überlassung der hergestellten Güter und Dienstleistungen an andere Marktteilnehmer verbunden sind. Zentrale Aufgabe des Absatzes ist der Verkauf, d. h. die Abgabe der Güter und Leistungen gegen Geld" (Lernhelfer 2010).

Das heißt im Vordergrund der Betrachtung stehen die verkaufen Stückzahlen.

Alleine der Absatz, der weltweit durch Wearables entsteht ist riesig. Laut IDC könnte der Absatz für Wearables insgesamt, also Smartwatches, Basic Watches, Basic Armbänder, Earwear und Clothing, im Jahr 2022 bei 219,4 Mio. Stück liegen. Für 2018 wurden bereits 132,9 Mio. gemeldet. Dies würde einen Zuwachs von knapp 40 % in einem Zeitraum von vier Jahren bedeuten (IDC 2018). Begründet werden kann dies auf die steigenden Marktanteile der kleineren Subsegmente wie Earwear oder Clothing. Der Bereich Earwear wird von 2,1 % auf 6,0 % zunehmen und weist eine CAGR von 48 % von 2018 – 2022 auf. Währenddessen wächst auch das Subsegment Clothing (intelligente Bekleidung) von 3,1 % auf 5,3 % und hat eine etwas geringere prognostizierte CAGR im gleichen Zeitraum in Höhe von 30 % (IDC 2018).

Die treibende Kraft bilden jedoch der Bereich rund um die Fitness-Tracker und Smart Watches. Laut Gartner hatte der Bereich Fitness-Armbänder im Jahr 2016 weltweit einen Absatz von 34,97 Mio. und wird sich voraussichtlich bis 2021 auf 63,86 Mio. Stück erhöhen. Des Weiteren nehmen die Zahlen an Smart Watches zu. Den Schätzungen zufolge steigt der Absatz von 34,8 auf 80,96 Mio. Stück im Zeitraum von 2016 - 2021 (Gartner 2018). Wird weiterhin auf den Markt in Deutschland eingegangen ist dieser Trend ebenso zu sehen. 2014 betrug der Absatz 0,65 Mio. und wuchs bis 2017 auf 1,55 Mio. Stück (Bitkom 2017).

Ein möglicher Grund für die zunehmenden Absatzzahlen an Smart Watches kann auf die zunehmende Konvergenz von Smart Watches und Fitness-Trackern zurückzuführen sein. Der Mehrwert für die Kunden bleibt bei einem Erwerb einer Smart Watch meistens aus. Jedoch ist der Trend zu einer Erweiterung an Funktionen zu erkennen. Bekanntestes Bespiel ist die Apple Watch. Die neueste Serie von Apple bietet neben dem Benutzen von Apps, Abrufen von Nachrichten und dem Aufzeichnen von Aktivitäten deutlich mehr Funktionen. Das neue Modell ist nun nicht mehr auf ein Smartphone angewiesen und besitzt ein eigenes LTE-Modul.

Das heißt auch viel beschäftige Personen, die nicht auf das Handy verzichten können, bleiben weiterhin beim Sport erreichbar und es ist möglich über die Uhr zu telefonieren. Des Weiteren lässt sich die Apple Watch kabellos mit Fitnessgeräten, beispielsweise LifeFitness und TechnoGym, verbinden um Trainingsdaten direkt auf das Smartphone zu ziehen und das Training besser zu steuern (Apple 2018).

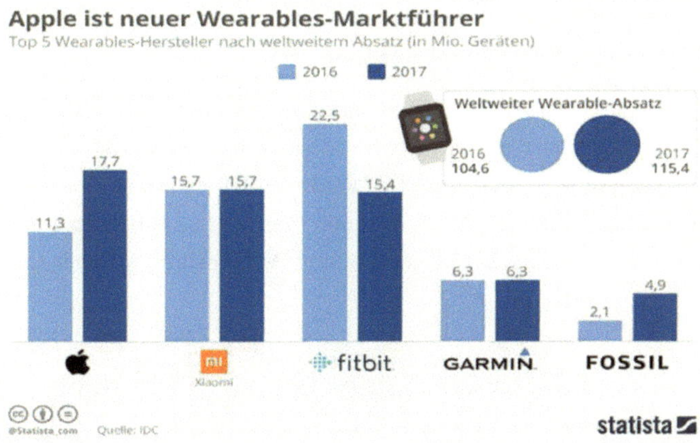

Abbildung 4: Apple ist neuer Wearables-Marktführer
(Quelle: Statista)

Abbildung 4 zeigt die weltweiten Marktführer im Wearables-Markt. 2016 war Fitbit mit 22,5 Mio. abgesetzten Geräten weltweit Marktführer. Es kam zu einem Einbruch der Absatzzahlen. 2017 wurden 15,4 Mio. Geräte erfasst, womit Fitbit auf den dritten Rang rutschte. Der Einbruch der Zahlen ist vermutlich auf den Vormarsch von Apple und den günstigen Modellen aus China zurückzuführen. Währenddessen stieg Apple mit der Apple Watch auf die führende Position im Wearables-Markt. Die bereits im Vorfeld erwähnte Konvergenz von Smart Watch und Fitness-Armband macht die Apple Watch zu einem beliebten Konsumgut. Sie kann nicht mehr als reine Smart Watch betrachtet werden. Apple verzeichnete in diesem Markt und im gleichen Zeitraum eine Steigerung von 11,3 auf 17,7 Mio. abgesetzten Geräten weltweit. Weiterhin gibt die ICD an, dass Xiaomi mit einem Absatz von 15,7 Mio. Stück Rang zwei belegt. Der europäische Hersteller (Garmin) von Navigations-Empfängern konnte einen Absatz von 6,3 Mio. Stück in beiden Jahre vorweisen und ist somit viertstärkste Säule im Wearables-Markt. Die fünftstärkste Größe in diesem Markt ist Fossil. Sie konnten einen Zuwachs von 2,1 Mio. auf 4,9 Mio. von 2016 auf 2017 erreichen (Abb. 4).

Fossil kaufte zudem im Jahr 2015 Misfit Wearables für knapp 260 Mio. US-Dollar und zeigt deutlich den Wandel in der Uhrenbranche. Kurz nachdem TAG Heuer ihre erste Smart Watch vorstellte wurde Fossil tätig und investierte in das Wearables-Unternehmen (IDG Business Media Gmbh 2015).

Den Weg zu wählen und mit der Digitalisierung zu gehen wird sich bezahlt machen, wenn die vorliegenden Zahlen und Daten betrachtet werden.

4.2.3 Marktvolumen und Wachstumspotential

Im Vordergrund der Betrachtung (in-scope) stehen Fitnessarmbänder, die mit Sensoren ausgestattet sind, Aktivitätstracker, die die Körperaktivität und Körperfunktionen messen oder analysieren. Des Weiteren fallen Smart Clothes, Eyewear oder andere Wearables, die Körperfunktionen messen in die Betrachtung. Out-of-scope, also nicht betrachtete Geräte, sind Smart Watches und Fitness- und Ernährungsapps.

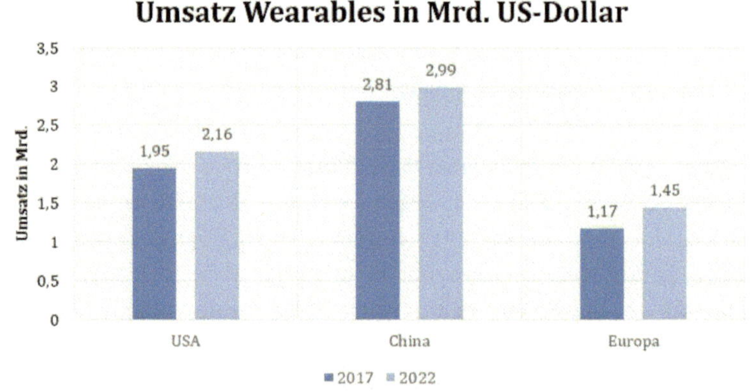

Abbildung 5: Umsatz Wearables in Mrd. US-Dollar
(Quelle: eigene Darstellung. Werte nach Schreiber 2018)

Die vorliegende Darstellung zeigt die Umsätze für Wearables in den verschiedenen Regionen im Jahr 2017 und den geschätzten Umsatz für das Jahr 2022. Die herangezogenen Kriterien sowie die Marktdefinition wurden im Vorfeld erklärt. Die folgenden Daten sind aus dem „eServices Report 2018 – Fitness" zu entnehmen. Im Vordergrund der Betrachtung stehen die Regionen USA, China und Europa. Diese sind die umsatzstärksten und führendsten im Bereich der Wearables. Was sofort auffällt ist, dass die tragbaren Computersysteme deutlich geringere

Wachstumsraten zu verzeichnen haben, wie der Bereich Apps. Zurückzuführen ist dies auf das über doppelt so hohe Marktvolumen (Abb. 3).

Wie auch im Abschnitt „Apps", die zusammen mit den Wearables den digitalen Fitnessmarkt bilden, ist China die führende Kraft in der Umsatzgenerierung. Die Statistik zeigt, dass China mit weiten Abstand führend in dieser Kategorie ist. 2,81 Mrd. US-Dollar generierte China im Jahr 2017 und es wird eine Zunahme auf fast 3 Mrd. Dollar erwartet für 2022. China versucht vor allem den Massenmarkt mit niedrigen Preisen anzusprechen und dabei Qualität nicht außer Acht zu lassen (Schreiber 2018: S. 8). Werden hier die Umsatzzahlen pro User verglichen, fällt auf, dass China mit durchschnittlich 19 US-Dollar die deutlich günstigsten Wearables anbietet. Diese werden sich weiterhin reduzieren bis sie auf einen durchschnittlichen Wert von 15 US-Dollar sinken und finanziell noch preiswerter für den Großteil der Bevölkerung werden (Schreiber 2018: S. 10).

Xiaomi wäre hier ein passendes Beispiel. Der chinesische Elektronik-Hersteller bietet derzeit mit dem Fitness-Armband Mi Band 2 ein kostengünstiges Modell an.

Weiterhin ist aus dem Diagramm abzulesen, dass die USA mit einem Umsatz von 1,95 Mrd. hinter China anzusiedeln ist. Der prognostizierte Umsatz für das Jahr 2022 wird auf 2,19 Mrd. US-Dollar beziffert (Abb. 4). Der durchschnittliche Umsatz pro Nutzer, der dadurch entsteht, liegt dort mit 65 US-Dollar am höchsten und wird sich auch in den kommenden Jahren bis 2022 auf 57 US-Dollar reduzieren (Schreiber 2018: S. 10).

Diese hohen Einnahmen pro Nutzer können darauf begründet werden, dass die heimischen Wearables-Anbieter wie Apple und Fitbit deutlich teurer sind, als die chinesischen Konkurrenten. Zu den bekanntesten Anbietern von Fitnessarmbändern und Wearables allgemein, im Raum USA oder die dort ihren Standort besitzen, zählen Fitbit, Jawbone, Nike, Under Armour und mittlerweile auch Apple.

In Europa ist der geringste Umsatz im Vergleich dieser drei Gebiete zu erkennen. 2017 liegen die Einnahmen bei 1,17 Mrd. US-Dollar. 2022 soll ein Zuwachs auf 1,45 Mrd. erfolgen (Schreiber 2018: S. 8). Europa weist Einnahmen pro Nutzer auf, die im Durchschnitt um die 36 US-Dollar betragen. Diese sollen sich bis 2022 auf 29 US-Dollar verringern (Schreiber 2018: S. 10).

Garmin ist der große europäische Wearables Hersteller und verzeichnete in den letzten Jahren einen Aufschwung. Von 2014 - 2016 stieg die Zahl der verkauften Wearables von 2 Mio. auf 6,1 Mio. Stück. Dabei wurde ein Umsatz generiert, der im selben Zeitraum von 570 Mio. auf ca. 820 Mio. US-Dollar stieg. Diese Zahlen beinhalten nur das Fitnesssegment dieses Unternehmens (Schreiber 2018: S. 20). Durch die sinkenden durchschnittlichen Einnahmen pro Nutzer und dem weiteren Anstieg des Umsatzes in den kommenden Jahren, kann davon ausgegangen werden, dass die Gerätschaften mit gleichzeitig steigendem technologischem Fortschritt, immer erschwingbarer werden.

4.2.4 Smart Clothes

Unter anderem bietet der Bereich Smart Clothing/smarte Bekleidung große Entwicklungspotentiale. Momentan ist die Frage, ob und welche genauen Vorstellungen sowie Wünsche der Kunde in naher Zukunft an intelligente Bekleidung haben wird. Diese können in verschiedenen Gebieten anwendbar sein. Von Sportbekleidung für Athleten, die ein besseres Training ermöglichen und wichtige Informationen über Vitalwerte liefern könnten, bis hin zu smarter Bekleidung, die auch im medizinischen Bereich ihre Verwendung findet, sind einige Anwendungsmöglichkeiten denkbar.

Momentan steht Sportbekleidung im Vordergrund und ist auf dem Markt verfügbar, jedoch für hoch angesetzte Preise. Ein Beispiel ist die Firma Athos. Diese bieten Trainingsbekleidung an, die mit kleinen EMG-Sensoren ausgestattet sind. Die EMG-Sensoren erfassen, welche Muskeln arbeiten und schicken diese Werte via Bluetooth weiter an das Smartphone. Über eine eigene App werden die Werte bildlich dargestellt. Laut einem Report der Berkeley University of California bedienen sich dieser Technologie die Golden State Warriors aus der amerikanischen Profibasketballliga (Berkeley University of California o. J.).

Sollten sich solche Anwendungen in Zukunft als sinnvoll erweisen und sich in ihrer technologischen Genauigkeit erweitern, so könnte dieser Trend vom Profisport weiter in den Breiten- oder Fitnesssport überspringen.

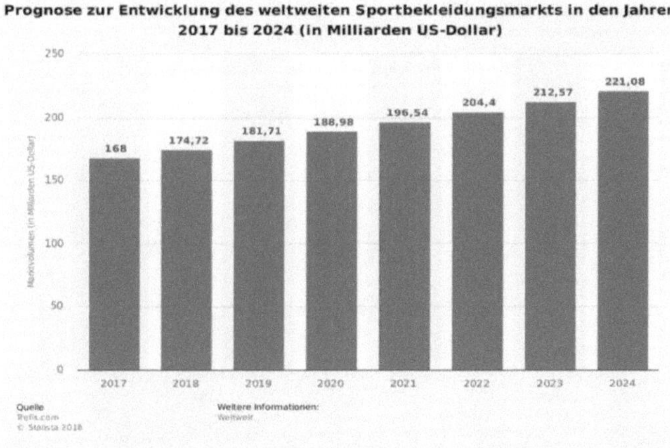

Abbildung 6: Prognose zur Entwicklung des weltweiten Sportbekleidungsmarkts
(Quelle: Statista)

Die vorliegende Grafik (Abb. 6) zeigt die Prognose zur Entwicklung des weltweiten Sportbekleidungsmarkts in den kommenden Jahren (2017 bis 2024) auf. 2017 beträgt das Marktvolumen rund 168 Mrd. US-Dollar. Bis 2024 soll dieses auf 221 Mrd. US-Dollar anwachsen. Dies macht deutlich, dass die Nachfrage nach Sportbekleidung weiterhin erhöht sein wird. Wenn technologische Errungenschaften wie die von Athos preiswerter werden und dies die Nachfrage der Kunden darstellt, kann damit gerechnet werden, dass in ferner Zukunft die Märkte aus herkömmlicher und intelligenter Sportbekleidung zusammen gehören werden. Wie im Beispiel der Sport- und Fitnessapps könnten Sportriesen das Entwicklungspotential dieses Segments erahnen und in die Start-up Unternehmen wie Athos investieren. Die Bekanntheit und das Kapital der umsatzführenden Sportartikelhersteller wie Nike, Adidas, Under Armour oder Puma könnten weiterhin die Entwicklung vorantreiben.

Je nach Wortauslegung können Smart Shoes in die Kategorie der intelligenten Bekleidung dazugezählt werden. Dieses Segment ist vereinzelt auf dem Radar der Kunden zu finden. Jedoch werden auch in diesem Bereich erste Schritte getätigt um in der Gegenwart und Zukunft attraktive Angebote bieten zu können. Under Armour hat mit seinem digital vernetzten Schuh „Hovr" für den Fitnessbereich einen Schuh entwickelt, der via Sensor die Laufaktivität aufzeichnet. Das heißt Tempo, zurückgelegter Weg und Zeit können über die eigene App „MapMyRun" analysiert und synchronisiert werden (Schreiber 2018: S. 16).

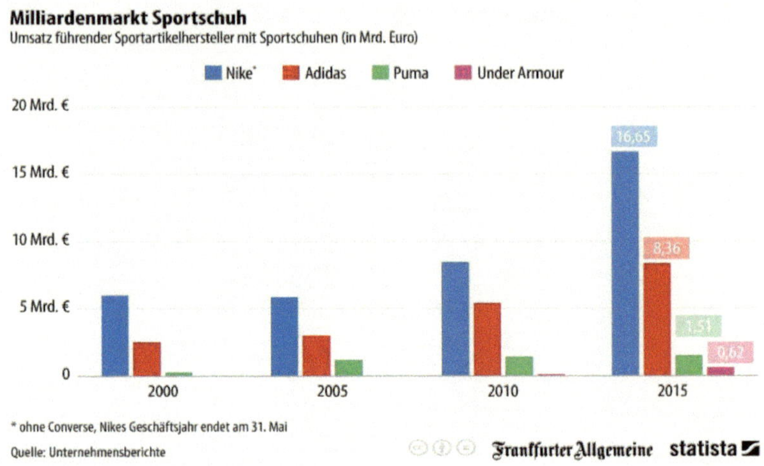

Abbildung 7: Milliardenmarkt Sportschuh
(Quelle: Statista)

Die vorliegende Infografik zeigt, dass im normalen Sportschuhmarkt der Umsatz in den Jahren von 2000 bis 2015 enorm zugenommen hat. In diesem Diagramm werden allerdings einzelne Hersteller gezeigt, die im Bereich Sportschuh führend sind bemessen auf ihren Umsatz in Mrd. Euro. Deutlich führend ist Sportartikelriese Nike, der mit ca. 17 Mrd. Euro vor Adidas mit knapp 8,4 Mrd. Euro Umsatz liegt. Jedoch würde dieser Vorsprung noch größer ausfallen, wenn Nikes Tochterunternehmen Converse mit in der Darstellung berücksichtigt worden wäre (Abb. 5).

Laut Consumer Market Outlook von Statista lag der Gesamtumsatz weltweit im Jahre 2015 bei 32,8 Mrd. Euro, 2018 bei knapp 47 Mrd. Euro und 2021 wird ein Umsatz von ca. 61,3 Mrd. Euro erwartet. Das heißt, dass das Marktvolumen im Zeitraum von 2015 – 2021 um fast das Doppelte steigen wird. In Relation dazu wächst auch der Absatz im Segment Sportschuhe. 2015 wurden noch 802 Mio. Paare abgesetzt. Wohingegen 2021 ein prognostizierter Absatz von ungefähr 1,2 Mrd. Paare erwartet wird (Brinckmann 2018: S. 3).

Der stark angestiegene Umsatz kann sich in einem weiteren Punkt erklären lassen. Pro Einheit, also pro Paar, steigt zudem der durchschnittliche Preis. Im Zeitraum von 2015 – 2021 steigt dieser von 40,88 € auf 51,44 € (Statista Sportschuhe 2018). Der Sportschuhmarkt gewann in den letzten Jahren stark an Beliebtheit und bildet im Jahr 2017 14 % des kompletten Schuhmarktes ab. Lederschuhwerk

(53 %) und Sandalen, Textil- und anderes Schuhwerk (33 %) machten den restlichen Weltmarkt aus (Brinckmann 2018: S. 2).

Werden diese Umsatzgenerierungen betrachtet, die heutzutage und zukünftig entstehen werden, so kann gedeutet werden, dass der nächste Trend im Bereich Smart Shoes nicht lange auf sich warten lässt. Im Zuge der Digitalisierung und dem Drang der Selbstoptimierung können diese Daten so ausgelegt werden, dass in naher Zukunft der Markt rund um die intelligenten Sportschuhe anwachsen wird und die Kundennachfrage sich erhöht. Die Verbindung aus Apps und der Möglichkeit Geräte, in dem Fall Schuhe, kabellos zu verbinden, sorgt für eine in der Praxis komfortable und leichte Bedienung. Die Sportartikelhersteller hatten bereits vor einigen Jahren erste Start-up-IT-Unternehmen akquiriert, die im Bereich Sport- und Fitnessapps spezialisiert sind und große Erfolge verbuchen konnten. Ein möglicher Einstieg in den Bereich intelligenter Sportbekleidung oder intelligenter Sportschuhe wird abhängig davon sein, ob die Sportriesen einen Mehrwert für ihr Unternehmen dadurch ausmachen können. Das nötige Kapital, sowie die IT-Kenntnisse ihrer Unternehmen würden den Einstieg erleichtern, wodurch auch der Kunde und Nutzer profitieren würde.

Des Weiteren sieht das LfM ein großes Potential in smarter Bekleidung im medizinischen Bereich. „Leicht verständliche Lösungen, wie kabellose beheizbare Rückenbandagen mit modernster Infrarot-Technik, machen sich dabei bereits die Kombination von Textilien und Hochtechnologie zunutze. Aber auch beheizbare Strümpfe und Unterwäsche sind seit vielen Jahren – allerdings nur als Nischenprodukte – am Markt erhältlich. Gerade für die Problematik von Muskel- und Skeletterkrankungen, die mit Schmerzen und auch hohen volks- und betriebswirtschaftlichen Kosten verbunden sind, lassen sich zahlreiche innovative Entwicklungen beobachten. So zum Beispiel textile Knietrainer, die sich das Prinzip der Biomechanik zu Eigen machen und durch eingearbeitete Federn die Kniemuskulatur dauerhaft trainieren" (LfM o.J.: S. 27f.). Diese und weitere Technologien können wesentliche Beiträge in Therapie- und Rehabilitationsmaßnahmen leisten.

Andere Möglichkeiten wie anatomisch angepasste Handschuhe, die mit Elektroden ausgestattet sind und zu einer Verbesserung der sensomotorischen Verhaltensweise beitragen, werden aufgezählt (ebd.).

4.3 Telemedizin

Telemedizin stellt eine große Chance zur Erweiterung von Therapiemöglichkeiten dar. Die alternde Bevölkerung und die steigende Notwendigkeit der Behandlung chronischer Krankheiten führen dazu, dass mithilfe moderner Kommunikationstechnologien die Telemedizin künftig immer wichtiger wird. „Der Begriff der Telemedizin bezeichnet die Anwendung moderner Informations- und Kommunikationstechnologien im Gesundheitswesen. Im engeren Sinne werden unter Telemedizin alle Diagnostiken, Behandlungen und Therapien verstanden, bei denen die Akteure zeitliche und räumliche Distanzen überbrücken" (Reiter et al. 2011: S. 5).

Wesentliche Vorteile, die sich dadurch ergeben sind u. a. Qualitätssteigerungen. Laut einer Studie der KKH können die Anzahl der Krankenhaustage und Mortalität durch telemedizinische Dienste deutlich reduziert werden (Reiter et al 2011: S. 13).

Weiterhin können Kostensenkungen erreicht werden z. B. dass die Ausgaben für stationäre Aufenthalte bei der telemedizinischen Testgruppe um 45 % reduziert werden konnte, was in der gleichen Studie nachgewiesen wurde. Die Reduzierungen ergeben sich vor allem durch die Vermeidung von Doppel- und Mehrfachuntersuchungen. Des Weiteren begünstigt die Verbesserung in der Kommunikation einzelner Akteure, z. B. behandelnde Ärzte und Apotheker eine optimierte Versorgung der Patienten (ebd.).

Neben diesen offensichtlichen Vorteilen scheint der Zulauf oder die Akzeptanz an Telemedizin innerhalb Deutschlands recht ausgewogenen Zulauf zu erleben. Laut einer repräsentativen Umfrage der MLP, an der 2.000 Bundesbürger und mehr als 500 Ärzte teilnahmen, gaben 22 % an, dass für sie eine Online-Sprechstunde in Frage käme. 70 % gaben an, dass für sie das nicht in Frage käme (MLP 2016).

Aus dieser Umfrage wird weiterhin deutlich, dass mit zunehmenden Alter das Interesse an Online-Sprechstunden stark abnimmt. In den vier Altersgruppen zeigt die jüngste Gruppe (unter 30 Jahre) das größte Interesse und es geben 41 % an, dass Sprechstunden über digitale Geräte in Frage kämen. Für nur 8 % der ältesten Gruppe (60 Jahre und älter) käme es in Frage, wobei für ganze 88 % Online-Sprechstunden in dieser Altersgruppe nicht in Frage kommt (ebd).

Dies zeigt einen Missstand auf, denn die Prävalenz im Alter an chronischen Krankheiten zu erkranken und auf intensivierte Betreuung angewiesen zu sein, erhöht sich zunehmend. Somit wird die Telemedizin wie Sport- und Fitnessapps oder Wearables von der älteren Bevölkerung eher gemieden.

Im weltweiten Vergleich hängt Deutschland jedoch etwas hinterher. Die USA zeigt eine höhere Nutzungsbereitschaft innerhalb der Gesellschaft, denn hier ist die Hürde der Bevölkerung die Vorteile attraktiv zu gestalten, überwunden worden. In einer amerikanischen Umfrage der American Well, in der 2.100 Person ab 18 Jahren teilnahmen, gaben 72 % der Erwachsenen (45 - 54 Jahre) an, dass sie generell bereit wären, eine ärztliche Sprechstunde über Video wahrzunehmen. Sogar 53 % der Erwachsenen über 65 Jahre gaben eine generelle Zustimmung für eine Nutzungsbereitschaft von Online-Sprechstunden (American Well 2016: S. 3).

In einer weiteren Befragung (n = 798), die Bitkom durchgeführt hat, ging es um die größten Vor- und Nachteile, die beispielsweise die Online-Sprechstunde mit sich bringen würde. Unter den wichtigsten Vorteilen zählen, dass der Zugang zu räumlich weit entfernten Ärzten erleichtert wird und dass die Wartezeit in der Praxis entfällt. Ein weiterer Vorteil ist, dass die Ansteckungsgefahr im Wartezimmer nicht mehr gegeben wäre (Rohleder und Jedamzik 2017: S. 7).

Die größten Nachteile, die aus der Umfrage deutlich wurden, sind zum einen das Risiko von Fehlbehandlung, weil beispielsweise eine körperliche Untersuchung entfällt. Zum anderen ist die Sorge, dass das Vertrauensverhältnis zwischen Arzt und Patient leiden könnte. Dritter Nachteil aus Sicht der Befragten stellt das Thema Datenschutz dar. Die Angst ist, dass sensible Gesundheitsdaten in falsche Hände geraten könnten, wenn diese digital über das Internet übertragen werden (ebd.).

4.4 E-Health-Lösungen für die ausgewählten Krankheitsbilder

Nachdem der Ist-Zustand rund um die Technologien und dessen Marktpotential behandelt wurde, werden in den nächsten Abschnitten E-Health-Lösungen, bezogen auf die drei zuvor ausgewählten Krankheitsbilder, vorgestellt. Bei jedem der Krankheitsbilder erfolgt zudem im Vorfeld die Marktdefinition, die deutlich macht, welche Kategorien in dieser Arbeit betrachtet werden und worauf sich die angegebenen Zahlen beziehen.

Die Betrachtung der Marktsituation wird mitunter auf Grundlage der Aufarbeitung von Statista erfolgen. Diese wiederum bezogen ihre Informationen entweder von externen Quellen, aber auch von eigen durchgeführten Umfragen.

4.4.1 E-Health Diabetes Anwendungen

Statista hat den digitalen Markt für Diabetes erfasst und betrachtet bestimmte ausgewählte Kategorien:

> „Das eHealth-Marktsegment „Diabetes" beinhaltet die Nutzer- und Umsatzentwicklung von insgesamt drei eHealth-Produktkategorien für Menschen mit Diabetes: (1) Vernetzte Medizingeräte für Diabetiker im Heimgebrauch („Vernetzte Geräte"), (2) digitale Diabetesanwendungen für das Smartphone und/oder Tablet („Apps") und (3) telemedizinische Services für Diabetiker („Telemedizinische Services"). Nicht betrachtet werden Hardware- und Software-Lösungen für professionelle Gesundheits-Akteure also zum Beispiel medizinische Geräte für Krankenhäuser und Arztpraxen" (Statista Digital Market Marktdefinition).

Aus der Marktdefinition werden die verschiedenen Einsatzgebiete von digitalen Anwendungen im Segment Diabetes sichtbar. Da dieser Report im November 2017 veröffentlicht wurde, kann von aktuellen Daten und Informationen ausgegangen werden.

Die erste Kategorie „vernetzte Geräte", deckt Diabetesgeräte ab, die mit Schnittstelle oder SIM-Karten ausgestattet sind und über eine kabellose Verbindung (z. B. Bluetooth, WLAN) Messdaten zum Beispiel an vernetzte Glukosemesser oder Insulininjektoren übermitteln. Diese Informationen können wiederum an das Smartphone gesendet, mit einer App synchronisiert oder direkt an den zu behandelten Arzt geschickt werden (Buss 2017: S. 30).

Die zweite Kategorie „Apps" beinhaltet Diabetes-Apps, zum Beispiel Diabetes-Tagebücher, die bei der Selbstkontrolle unterstützen und serviceorientierte Apps, die Daten sammeln, auswerten und auf Grundlage der Ergebnisse Empfehlungen abgeben. Die Umsatzzahlen, die dazu genannt werden, umfassten zahlungspflichtige App-Downloads, Premium-/Vollversionen und In-App-Käufe (ebd.).

Die dritte Kategorie „Telemedizinische Services" beinhaltet Umsätze aus telemedizinischen Service-Zentren, die den Gesundheitszustand von registrierten Personen überwachen. Sofern eine Verschlechterung eintritt kann die Einrichtung mit Maßnahmen reagieren und den Arztkontakt herstellen. Oft wird diese Anwendung mit einem vernetzten Gerät angeboten (ebd.).

Die IDF gibt für Deutschland um die 7,5 Mio. erkrankte Personen im Alter von 20 - 79 an (IDF 2017). Diese Situation regt zum Nachdenken an, denn damit steigen die Gesundheitskosten an, die durch Diabetes direkt oder indirekt durch Folgeschäden verursacht werden. Aufgrund eines lebenslangen Insulinbedarfs und zahlreichen Folge- und Begleiterkrankungen sind mit Diabetes hohe Kosten verbunden. Deutschland wies im Jahre 2015 Gesundheitsausgaben, geschuldet durch Diabetes, in Höhe von 42 Mrd. US-Dollar auf (IDF 2017).

Hierbei handelt es sich umgerechnet um ca. 36 Mrd. Euro (Kurs zum 25.07.2017).

Die möglichen direkten Krankheitskosten pro Patient beliefen sich auf 2.900 € in Deutschland (Stand 2012). Darunter befinden sich Ausgaben für die stationäre Versorgung, Arzneimittel, vertragsärztliche Leistung und Pflegeleistungen (Experte(n) (Köster) 2014).

Um die Ausgaben der Krankenversicherung und Krankenkassen zu minimieren muss nach Alternativen und nachhaltigen Möglichkeiten gesucht werden. Es stehen genug Möglichkeiten zur Verfügung, die mittlerweile schon genutzt werden und in Zukunft größeren Zulauf erleben werden. Aufbauend auf dieser Situation soll im Folgenden auf die Nutzer- und Umsatzzahlen von E-Health Diabetes Anwendungen eingegangen werden.

Im Zuge der stetig zunehmenden Diabeteserkrankungen werden E-Health-Anwendungen für Diabetes eine wichtige Rolle weltweit und in Deutschland einnehmen. Wenn die Anzahl an Menschen mit der „Zuckerkrankheit" wie erwartet stark zunimmt, werden sich demnach die Nutzer- und Umsatzahlen für E-Health-Anwendungen im Bereich Diabetes verändern. Der weltweite Umsatz im Segment eHealth-Anwendungen für Diabetes beträgt 2018 etwa 910 Mio. €. Laut Prognose wird 2020 ein Marktvolumen von 1,5 Mrd. € erreicht werden. Dies würde einem jährlichen Umsatzwachstum von 29,8 % entsprechen.

Deutschland verbucht dabei große Umsätze, doch die USA nehmen hier die Spitzenposition ein. Dies muss jedoch in Relation gesehen werden. Die USA besitzt mit 30 Mio. Diabetikern (IDF 2017) eine größere Notwendigkeit an E-Health-Lösungen. Laut Statista-Marktreport liegt der deutsche Umsatz im Segment E-Health-Lösungen für Diabetes bei 30,4 Mio. € (Stand 2017). Dabei wird von einer CAGR (2017 - 2021) in Höhe von 27 % ausgegangen bis 2022 ein Marktvolumen von 98 Mio. € erreicht sein wird (Buss 2017: S. 31).

Die erste Kategorie „vernetzte Geräte" wird sich von 0,21 Mio. auf 0,62 Mio. Nutzer im Zeitraum von 2016 - 2022 erhöhen. Der durchschnittliche Umsatz pro User bleibt jedoch konstant bei ca. 72 - 77 € (ebd.). Aus der Marktdefinition wird ersichtlich, dass eine komplette Unterscheidung nicht möglich ist, da die einzelnen Kategorien zusammen hängen. So sind Glukosemesser via Bluetooth verbunden und laden die Daten auf die Apps im Smartphone. Die Möglichkeiten der Technologien gehen hier sogar einen Schritt weiter. Seit neuestem sind „Closed-Loop" Systeme für Diabetiker auch in Deutschland verfügbar. Vor allem Typ-1-Diabetiker profitieren von dieser Errungenschaft. Hierbei handelt es sich um die „Vernetzung von einer Insulinpumpe mit einem Sensor zur kontinuierlichen Glukosemessung im Unterhautfettgewebe, einem Blutzuckermessgerät zur Kalibrierung des Sensors sowie einem Computerprogramm, das die automatische Steuerung der Insulinpumpe übernimmt" (Ärzte Zeitung online 2017). Das System misst, dosiert und gibt Insulin automatisiert ab. Dies bildet eine gute Alternative für Kinder und Jugendliche, da die häufigen Insulingaben für diese Gruppe mit einem hohen Aufwand verbunden sind.

Die Kategorie Apps hat mit 0,35 Mio. Nutzern (Stand 2016) den größten Zulauf und wird weitere Nutzer bis zum Jahr 2022 aufweisen. Rechnungen zufolge wird ein Anstieg auf 0,70 Mio. Nutzer erfolgen und das würde eine CAGR von 12,2 % bedeuten (Abb. 8). Der durchschnittliche Umsatz pro Nutzer wird relativ gleich bleiben bei ca. 11 - 15 € (2016 - 2022). Die Apps nehmen an Effizienz und Genauigkeit zu und bieten mittlerweile eine sehr gute Alternative für Erkrankte. Apps wie „One Drop Diabetes – Management", „DiabetesConnect" oder „mySugr: Blutzucker Tagebuch", alle im App Store von Apple verfügbar, bereiten anschaulich die Werte und Daten auf, womit jeder Nutzer bequem seine Blutzuckerwerte loggen kann. Unter anderem können weitere Informationen dokumentiert werden wie das Insulin, verzehrte Kohlenhydrate, die Kopplung von Messgeräten und Erstellung von PDF & Excel Dateien. Diese Apps tragen zu einer intensivierten und innovativen Überwachung der Diabetes Therapie bei.

Von den drei oben genannten Kategorien nimmt der Bereich rund um die telemedizinischen Dienste den höchsten Stellenwert ein. Insgesamt weist diese Kategorie die geringste Nutzerzahl auf. 2016 stand die Nutzerzahl bei 0,01 Mio. und wird jedoch bis 2022 wohl auf 0,14 Mio. User anwachsen. Damit steht eine durchschnittliche jährliche Wachstumsrate (CAGR) von 55,2 % im Zeitraum von 2016 - 2022. Somit werden telemedizinische Services den höchsten Umsatz pro Nutzer generieren. Geschuldet ist dieser Entwicklung, dass der durchschnittliche Umsatz pro Nutzer am höchsten von den drei Kategorien ist. 2016 stand dieser noch bei 374 € pro User. Hier ist ein positiver Trend zu erkennen, denn während die Nutzerzahlen stark ansteigen, soll gleichzeitig der durchschnittliche Umsatz pro Nutzer sinken. Für 2022 liegen die Schätzungen bei 293 € pro Person (Buss 2017, S. 32). Das heißt diese Angebote werden günstiger und zugänglicher für die Menschen, die kleinere finanzielle Möglichkeiten haben. Sinkt der Preis für die telemedizinischen Lösungen im Bereich des Diabetes mellitus weiter, so würden viele betroffene Personen aus sozial schwachen Verhältnissen davon profitieren können. Insgesamt werden immer mehr Menschen mit Diabetes in solche E-Health-Lösungen investieren. Von rund 0,36 Mio. wird die Anzahl auf 0,83 Mio. Nutzer steigen (2016 - 2022). Dabei werden alle drei Kategorien zusammengefasst eine CAGR von 14,9 % aufweisen (Abb. 8).

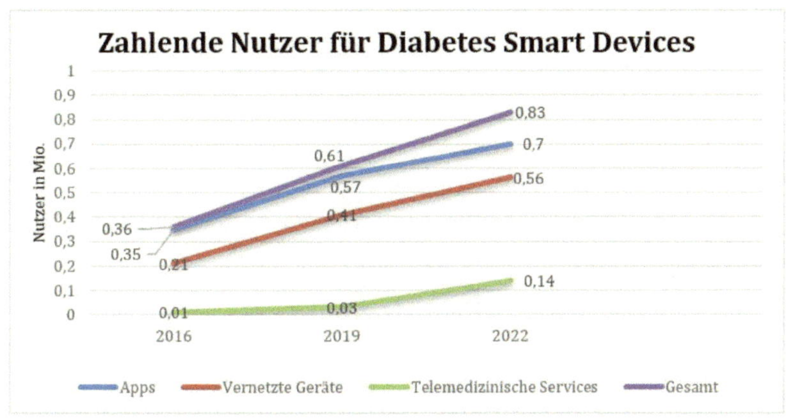

Abbildung 8: Zahlende Nutzer für Diabetes Smart Devices
(Quelle: eigene Darstellung. Werte nach Buss 2017)

Die vorliegende Grafik zeigt die Anzahl an Nutzer, die aktuell kostenpflichte Diabetes Smart Devices nutzen und zukünftig nutzen werden. Die Ergebnisse wurden im Vorfeld bereits genannt und werden in diesem Diagramm anschaulich dargestellt.

Im weltweiten Vergleich liegt Deutschland 2018, bezogen auf den Umsatz, auf dem dritten Rang. Nur die USA (1.) und China (2.) übertrumpfen Deutschland. Verwunderlich ist, dass Deutschland, die im Vergleich zu den USA (30 Mio. Diabetiker) und China (115 Mio. Diabetiker) deutlich weniger Diabetiker vorweisen, trotzdem eine der führenden Nationen in diesem Feld ist. Es könnte auf das neu etablierte E-Health Gesetz im Jahr 2016 zurückzuführen sein, in dem sich alle Einrichtungen dazu verpflichtet haben bis 2020 digitale Anwendungen anzubieten. Ein weiterer möglicher Grund könnte die Zusammensetzung der Gesellschaft sein. Beispielsweise hat China mit rund 1,4 Mrd. Einwohner deutlich mehr Menschen aus armen Verhältnissen zu verbuchen, die in sehr ländlichen Regionen eher abseits leben und vermutlich nicht die finanziellen Möglichkeiten haben, sich derartige digitale Anwendungen anzuschaffen. Wie bereits erwähnt kommt der Großteil der Diabeteserkrankten aus sozial schwachen Verhältnissen (77 %).

Weitere Gründe können auf die Infrastruktur zurückzuführen sein. Ein unzureichend ausgebautes Straßennetz und schlechte Alternativen im Nahverkehr machen somit die Wege zu Ärzten nahezu unmöglich. Zusätzlich kann ein nicht voll ausgebautes und unzureichendes Internetnetz in den ländlichen Regionen für weitere Komplikationen sorgen. Damit wären digitale Angebote und Anwendungen keine Option für die betroffenen Gruppen. Dies bilden aller Voraussicht nach die Hauptgründe, weshalb der Umsatz in China in Relation zu der Diabetikeranzahl relativ gering ausfällt.

4.4.2 E- Health Bluthochdruck Anwendungen

Im zweiten Bereich „Bluthochdruck" wird auf die Marktdefinition von Statista zurückgegriffen um den Markt einzugrenzen:

> „Das eHealth-Marktsegment „Bluthochdruck" beinhaltet die Nutzer- und Umsatzentwicklung von insgesamt drei Produktkategorien für Menschen mit Bluthochdruck: (1) Vernetzte Medizingeräte für Menschen mit Bluthochdruck im Heimgebrauch („Vernetzte Geräte"), (2) digitale Bluthochdruck-Anwendungen für das Smartphone und/oder Tablet („Apps") und (3) telemedizinische Services für Bluthochdruck-Patienten („Telemedizinische Services"). Nicht betrachtet werden Hardware- und Software-Lösungen für professionelle Gesundheits-Akteure also zum Beispiel medizinische Geräte für Krankenhäuser und Arztpraxen" (Statista Digital Market Marktdefinition).

Der E-Health Markt für Bluthochdruck wird wie folgt genauer definiert:

> „Vernetzte Geräte deckt Bluthochdruck-Geräte (Hardware) ab, die mit Schnittstellen oder SIM-Karten ausgestattet sind und über eine kabellose Verbindung Messdaten übermitteln (z.B. über mobile Netzwerke, WLAN, Bluetooth, M2M-Technologien, NFC, BLE), wie vernetzte Blutdruckmesser, die Messdaten an ein Smartphone oder ein telemedizinisches Service-Zentrum senden können, falls ein höherer Überwachungsbedarf besteht [...] Das Segment Apps enthält Apps zur Blutdrucküberwachung. Zu den Nutzern zählen Zahlkunden, die für einen App-Download, Premium-/Vollversionen und In-App-Käufe bezahlen. Nutzer werbefinanzierter Apps sind ausgeschlossen [...] Das Segment Telemedizinische Services beinhaltet Umsätze aus telemedizinischen Service-Zentren, die den Gesundheitszustand registrierter Patienten überwachen" (Buss 2017: S. 33).

Bluthochdruck stellt eine große Belastung für das Gesundheitssystem und die Volkswirtschaft dar. Laut Informationen des Handelsblatts belief sich der volkswirtschaftliche Schaden, der durch Arbeitnehmer mit Hypertonie verursacht wurde, auf 11 Mrd. Euro im Jahr 2010 (Handelsblatt 2012: S. 16).

Weiterhin stieg der Arzneimittelverbrauch bei Hypertonie in Deutschland stark an. 1996 belief sich der Verbrauch von Arzneimitteln zur Behandlung von Hypertonie auf 5,5 Mrd. definierte Tagesdosen (DDD). Im Laufe der Jahre stieg diese Rate leicht an, als ab dem Jahre 2005 die Rate stark steigt. Ab dem Jahr 2010 pendelte sich der Verbrauch etwas ein und steigt nur noch langsam. 2016 belief sich der Arzneimittelverbrauch auf 15,39 Mrd. DDD. Der starke Anstieg, der damals stattfand, kann auf die Zahl der Betroffenen zurückzuführen sein. Somit hat sich in den letzten Jahren die Zahl der Erkrankten eingependelt. Es erkranken weniger neue Personen an Bluthochdruck (IGES 2017).

Dieser Anstieg und das Einpendeln des Arzneimittelverbrauches sind auch in der Pharmabranche sichtbar. Sanofi, einer der führenden Pharmakonzerne weltweit, machte im

Jahr 2008 mit dem rezeptpflichtigen Medikament Aprovel einen Umsatz in Höhe von 1,2 Mrd. Euro. Ab 2010 sank der jährliche Umsatz leicht, bis 2017 ein Umsatz von 691 Mio. Euro zu verbuchen war (Sanofi 2018). Somit ist eine Korrelation zwischen diesen beiden Faktoren zu erkennen. Aufgrund dieser Tatsachen erscheint es als notwendig, innovative E-Health-Lösungen voranzutreiben und in der Gesellschaft zu implementieren um Kosten sowie gesundheitliche Schäden zu vermeiden. Im Folgenden wird die Marktsituation mit den zugehörigen Nutzer- und Umsatzzahlen betrachtet.

Abbildung 9 zeigt wie viele zahlende Nutzer es für Bluthochdruck Smart Devices in den einzelnen Kategorien gibt. Die Grafik gibt zudem prognostizierte Werte bis zum Jahr 2022 wieder.

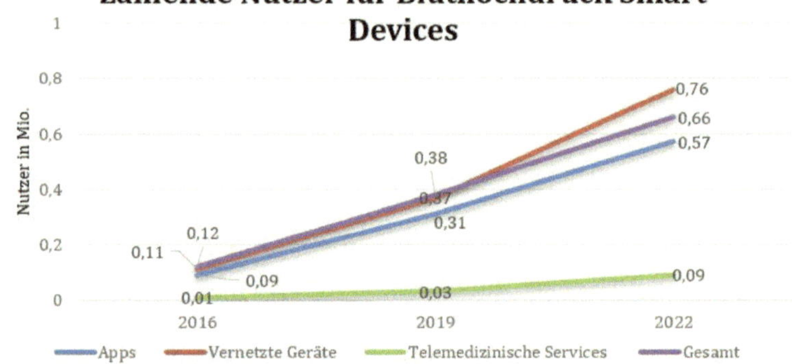

Abbildung 9: Zahlende Nutzer für Bluthochdruck Smart Devices
(Quelle: eigene Darstellung. Werte nach Buss 2017)

Die erste Kategorie Apps verzeichnete 0,09 Mio. zahlende Nutzer im Jahr 2016, wobei 2018 der Wert bereits bei 0,23 Mio. Nutzern liegt und für 2022 wird prognostizierte Nutzerzahl von 0,57 Mio. erwartet wird. Dies entspricht einer CAGR von 36 %, somit verzeichnet diese das schwächste Wachstum unter den drei Kategorien. Zudem steigt der durchschnittliche Umsatz pro Nutzer von 8 € auf 15 € (Buss 2017: S. 35). Das heißt die Leute investieren bewusst mehr in die Überwachung des Blutdrucks, denn diese Apps ermöglichen den Patienten jederzeit schnell ihre Werte zu dokumentieren. Zudem dienen solche Apps als Motivator um die Herzgesundheit aufrechtzuerhalten oder zu verbessern. Die meisten dieser Anwendungen sind kostenfrei, jedoch kann mit In-App-Käufen ein Upgrade durchgeführt werden. Somit werden Funktionen freigeschaltet, die die Erstellung von anschaulichen PDF-Dateien ermöglicht, die beispielsweise dem Arzt vorgelegt werden können. Ein Beispiel stellt „Cora – Die Blutdruck-App" dar (Apple 2018).

Laut einer Statista Umfrage lehnen nur 19 % der Befragten die Nutzung von Apps, die zur Messung und Verbesserung der körperlichen Gesundheit beitragen, ab. 56 % könnten sich die Nutzung solcher Blutdruck-Apps vorstellen und die restlichen 25 % nutzen regelmäßig, gelegentlich oder hatten derartige Applikationen schon verwendet (Statista Digital Health 2017). Die Ergebnisse dieser Umfrage belegen, dass die Nachfrage besteht.

Die zweite Kategorie rund um die vernetzten Geräte weist ein ähnlich hohes Wachstum auf. Laut vorheriger Abbildung belief sich die Anzahl der zahlenden

Nutzer auf 0,11 Mio. und wurde für 2018 auf 0,27 Mio. berechnet. Es wird von 0,76 Mio. Nutzern ausgegangen, die 2022 voraussichtlich bereit sind für diese Geräte zu zahlen. Damit weist dieses Segment eine CAGR von 38 % auf. Der durchschnittliche Umsatz pro Nutzer wird über die Jahre hin konstant bei 31 bis 33 € liegen (Buss 2017: S. 35). Ein Beispiel aus dieser Kategorie stellt „iHealth Track" dar. Dabei handelt es sich um ein Blutdruckmessgerät, das zusätzlich die Anwendung besitzt via Bluetooth die Werte an das Smartphone zu schicken. Dafür wird die hauseigene „iHealth MyVitals App" benutzt, welche die Werte speichert und anschaulich darstellt. Dieses Gerät ist ein zertifiziertes Medizinprodukt und von der ESH zugelassen (iHealth 2018).

Die dritte Kategorie „Telemedizinische Services" besitzt die höchste Zunahme an Nutzern im angegebenen Zeitraum. 2016 waren 0,01 Mio. Personen gemeldet, die telemedizinische Services nutzen, 2018 stieg die Zahl auf 0,02 Mio. und in den kommenden vier Jahren soll die Anzahl sogar auf 0,09 Mio. Nutzer ansteigen. Dies würde eine CAGR von 44,2 % bedeuten und damit verzeichnet die dritte Kategorie das größte Wachstum innerhalb der zahlenden User. Zwar bilden die Nutzer in dieser Kategorie die kleinste Gruppe, jedoch wird im dritten Segment der größte Umsatz im Vergleich zu den anderen Kategorien generiert. Der durchschnittliche Umsatz pro Nutzer sinkt von 374 Euro auf 293 Euro (2016 – 2022). Wie im Bereich Diabetes werden die Services also in Zukunft erschwinglicher für die Bevölkerung (Buss 2017: S. 35).

Insgesamt wird der Umsatz, der in Deutschland generiert wird, eine durchschnittliche jährliche Wachstumsrate von 41 % verzeichnen, wodurch sich das Marktvolumen im Jahr 2022 auf 62,3 Mio. Euro belaufen wird (Buss 2017: S. 33). Erfolgt der weltweite Vergleich im Bereich des digitalen Marktes für Bluthochdruck ist Deutschland auf dem dritten Rang zu sehen. China nimmt den zweiten Rang ein, während die Vereinigten Staaten die Markführerschaft besitzen (Statista weltweiter Vergleich. Bluthochdruck 2015).

4.4.3 E-Health Herzinsuffizienz Anwendungen

Um den letzten Bereich zu analysieren bedarf es, wie bei den vorherigen Bereichen, einer Marktdefinition.

> „Das eHealth-Marktsegment „Herzinsuffizienz" beinhaltet die Nutzer- und Umsatzentwicklung von insgesamt drei Produktkategorien für Menschen mit chronischer Herzinsuffizienz: (1) Vernetzte Medizingeräte für Menschen mit Herzinsuffizienz („Vernetzte Geräte"), (2) digitale Anwendungen zur Überwachung der eigenen Herz-

funktionen für das Smartphone und/oder Tablet („Apps") und (3) telemedizinische Services für Herzinsuffizienz-Patienten („Telemedizinische Services")" (Statista Marktdefinition Herzinsuffizienz 2018).

Out-of-Scope sind Hardware- und Softwarelösungen für professionelle Gesundheitsakteure, zum Beispiel medizinische Geräte. Nur Geräte für den Eigengebrauch werden betrachtet.

Vernetzte Geräte umfassen medizinische Geräte, die mit SIM-Karten ausgestattet sind und über eine kabellose Verbindung Messdaten übermitteln kann (z. B. über WLAN, Bluetooth, M2M-Technologien, NFC). In diesem Bereich kommen einige Geräte in Frage, die für die Therapie geeignet sind. Vernetzte Körperwaagen und Tele-EKG-Karten sind gute Möglichkeiten. Weiterhin kommt die Auswahl der Geräte auf den Gesundheitszustand des Patienten, wie schwer die Herzinsuffizienz wiegt oder ob Begleiterkrankungen vorliegen, an. Meist erfolgt eine Kombination mit telemedizinischen Überwachungssystemen. Die Kategorie Apps umfasst Herzfunktionsüberwachungs-Apps, die Daten sammeln oder das Selbstmanagement bei Herzleiden fördert. Wie in den vorherigen Abschnitten werden nur kostenpflichtige Apps, sowie In-App-Käufe dargestellt. Die letzte Kategorie umfasst Nutzer- und Umsatzzahlen aus telemedizinischen Services, die den Gesundheitsstatus registrierter Personen überwacht (Buss 2017: S. 36).

Im Folgenden werden Nutzer- und Umsatzzahlen in den drei vorgestellten E-Health-Produktkategorien für Patienten mit chronischer Herzinsuffizienz betrachtet.

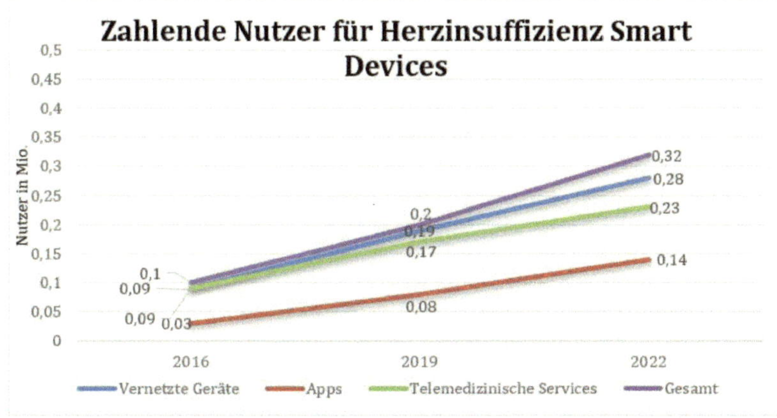

Abbildung 10: Zahlende Nutzer für Herzinsuffizienz Smart Devices
(Quelle: eigene Darstellung. Werte nach Buss 2017)

Die vorliegende Grafik zeigt die Anzahl zahlender Nutzer für Herzinsuffizienz Smart Devices. Es wird ersichtlich, dass die prognostizierte Wachstumsrate im Zeitraum von 2016 – 2022 in den einzelnen Kategorien dargestellt wird.

Die Abbildung verdeutlicht, dass die Kategorie „vernetzte Geräte", wie die anderen Kategorien, ein großes Wachstum in der Nutzerzahl bringen wird. 2016 liegt die Zahl bei 0,09 Mio. Nutzern, wobei ein prognostizierter Anstieg auf 0,28 Mio. seitens der Experten bis 2022 erwartet wird. Das würde eine CAGR von 20,8 % bedeuten. Der durchschnittliche Umsatz pro User, der im Bereich vernetzter Geräte erwirtschaftet wird, belief sich im Jahr 2016 auf 756 Euro und wird bis 2022 auf 604 Euro sinken (Buss 2017: S. 38). Somit werden solche Investitionen in den kommenden Jahren immer preiswerter.

Zu solchen Geräten gehören u. a. CRT (Kardiale Resynchronisationstherapie). Je nach Leiden gibt es verschiedene Kombinationen: entweder wird eine Kombination mit einem speziellen Schrittmacher eingesetzt oder mit einem implantierbaren Defibrillator. Ein CRT-System besteht aus zwei Teilen. Zum einen aus dem Impulsgenerator und zum anderen aus mehreren Kabeln (Elektroden). Die Werte werden abgespeichert und können abgerufen werden. Meist erfolgt die Nachsorge über telemedizinische Dienste (HZG Göttingen 2018).

Die nächste Kategorie „Apps" wird in dem betrachteten Zeitraum die größte durchschnittliche jährliche Wachstumsrate aufweisen. Es wird eine CAGR von 29,3 % erwartet. In Zahlen ausgedrückt bedeutet dies, dass die Nutzeranzahl von

0,03 Mio. auf 0,14 Mio. steigen wird (2016 – 2022). Der durchschnittliche Umsatz pro Nutzer wird zwischen 16 – 20 Euro liegen (Buss 2017: S. 38). Apps, welche die Medikamenteneinnahme überwachen oder die Herzfrequenz messen mit gleichzeitiger Früherkennung von Herzrhythmusstörungen sind mögliche Beispiele für diese Kategorie.

Die dritte Kategorie „telemedizinische Services" erwartet auch eine Zunahme in der Nutzerzahl. Von 0,09 Mio. wird sich die Anzahl auf 0,23 Mio. Nutzer erhöhen (2016 – 2022) und somit weist dieser Bereich die niedrigste Wachstumsrate auf. Laut Marktreport wird die CAGR 16,9 % betragen. Die telemedizinischen Services werden einen durchschnittlichen Umsatz pro Nutzer in Höhe von 588 Euro im Jahr 2022 aufweisen. Damit sinkt der Preis auch in dieser Kategorie und macht es für Patienten finanziell erschwinglicher. 2016 wurde im Vergleich noch ein Umsatz von 615 Euro pro Nutzer generiert (ebd.).

Der Smart Devices Umsatz für Herzinsuffizienz wird mit einer CAGR von 16 % steigen (2016 – 2022). Für 2022 wird ein prognostizierter Umsatz von 297 Mio. Euro erwartet. Dabei bilden vernetzte Geräte und telemedizinische Dienste die zwei großen Säulen in der Umsatzgenerierung (Buss 2017: S. 37).

5 Diskussion

Die Ergebnisse zeigen, dass es sich bei E-Health um einen zukunftsträchtigen Trend handelt, der große Umsatzgenerierungen sowie Nutzerzahlen beinhaltet und in einigen Jahren vorweisen wird. Bei der Betrachtung der Werte kann von soliden und repräsentativen Ergebnissen ausgegangen werden. Wie in der Methodik erwähnt wurde eine große Menge an internen und externen Daten erfasst. Zudem wurde nahezu der komplette weltweite Markt erfasst mit über 50 Regionen und Ländern. Zu den wichtigsten und größten Schlüsselregionen demnach gehören die USA, China und Europa. Alle drei wurden in den Studien und Berichten berücksichtigt.

Nichtsdestotrotz sollte nicht die Tatsache außer Acht gelassen werden, dass es sich bei den dargestellten Ergebnissen, beispielsweise im Bereich der Marktvolumen- und Absatzprognosen, um Schätzungen, Berechnungen und Prognosen handelt. Die herangezogenen Werte von Statista, IDC, Gartner und weitere Plattformen stellen durch ihre Analysten-Teams repräsentative Ergebnisse. Entweder nutzen diese Plattformen Sekundärquellen, die angegeben werden oder sind direkt die Primärquelle. Basierend auf Marktforschungsdaten, Unternehmenskennzahlen und statistischen Rahmendaten können Einschätzungen zu relevanten Marktdaten getroffen werden. Die Evaluierung zentraler Einflussfaktoren auf die künftige Marktentwicklung wird weiterhin berücksichtigt von den in dieser Arbeit genannten Quellen. Des Weiteren wurden komplexe Zusammenhänge, wie anbietergetriebenes Innovationen, regionales Konsumentenverhalten, allgemeine Nachfrageentwicklung sowie externe Rahmenbedingungen berücksichtigt. Die genannten Faktoren spielten in der Berücksichtigung der dargestellten Werte in dieser Arbeit eine wichtige Rolle.

Das heißt, dass es sich bei den dargestellten Ergebnissen um repräsentative Werte handelt, jedoch nicht zweifelsfrei gesagt werden kann, ob diese Marktforschungsergebnisse auch genauso eintreten werden. Es kann davon ausgegangen werden, dass das Wachstum in Umsätzen und Nutzergruppen gegeben sein wird. Wie genau dabei die Werte ausfallen, kann von Jahr zu Jahr anders aussehen. Hierbei handelt es sich immer vorerst um eine Momentaufnahme.

Bei all dem „Boom", den das Thema Sport- und Fitnessapps, Wearables und Telemedizin genießt, muss beachtet werden, dass es einige Herausforderungen zu meistern gilt. Die vorherigen Kapitel haben sich um die Marktsituation sowie die Käufer- und Nutzergruppen befasst. Eine weitere große Frage, die sich jedoch durch den Einsatz moderner Kommunikationstechnologien ergibt, ist wie der Datenschutz geregelt wird und ob es Gefahren gibt. Bei all den vielversprechenden und offensichtlichen Vorteilen, die moderne Informations- und Kommunikationstechnologien mit sich bringen, sollte also auch das Thema Datenschutz in der Diskussion nicht zu kurz kommen.

Eine Marktwächter-Studie der Verbraucherzentrale NRW beleuchtete dieses Thema und untersuchte zwölf Wearables und 24 Fitness-Apps. In dieser Studie wurde sich mit drei datenschutzrelevanten Aspekten in der Nutzung von Wearables und Fitness-Apps befasst. Die Untersuchung beinhaltete technische Eigenschaften, den Umgang der Anbieter mit geltenden Datenschutzbestimmungen und Einstellung seitens der Verbraucher bezogen auf die Nutzung von Wearables und Fitness-Apps (Moll et al. 2017: S. 41).

Die erste Schlussfolgerung der Studie ist, dass die getesteten Wearables kaum Schutz vor ungewolltem Tracking bieten. Oft schicken Fitness-Apps Daten an Anbieter und Drittanbieter, bevor die Verbraucher eine Möglichkeit hätten Nutzungsbedingungen oder der Datenschutzerklärung zuzustimmen (ebd.).

Die zweite Schlussfolgerung der Studienführer ist, dass die Anbieter in wenigen Fällen über die spezielle Sensibilität der erhobenen Gesundheitsdaten informieren. Laut Studie erwähnt nur ein Anbieter während des Installationsprozesses ausdrücklich, dass Gesundheitsdaten verarbeitet werden (ebd).

Die letzte Schlussfolgerung ist, dass Wearable-Nutzer und Nicht-Nutzer ausgeprägte Datenschutzbedenken hätten. Die Verbraucherumfrage brachte zudem das Ergebnis zu Tage, dass die Verwendung von Fitness-Daten zur Anpassung von Krankenkassentarifen, sowie die Auslesung von Fitnessdaten durch externe Personen, zu großen Teil abgelehnt werden (ebd.).

Werden die Aspekte, die die Marktwächter-Studie herausgefunden hat, berücksichtigt, so wird deutlich, dass Nachbesserungen in Sachen Datensicherheit und Datenschutz notwendig sind. Der Verbraucher wird nur langfristig von der voranschreitenden Digitalisierung profitieren, wenn private Informationen in Zukunft besser geschützt werden. Die Autonomie, die durch neue Technologien entsteht und in dieser Arbeit deutlich gemacht wurde, darf nicht durch mangelnde Datenschutzverordnungen verloren gehen.

6 Fazit

E-Health stellt einen zukunftsträchtigen Trend dar. Es wird nicht nur Erleichterungen für das Gesundheitssystem bringen, indem es zu Kosteneinsparungen und zu hohen Umsätzen beitragen wird, sondern erleichtert jeder Person aus der Bevölkerung seinen Gesundheitsstatus leichter zu überwachen oder sogar zu verbessern. Die Möglichkeiten sind vielfältig. Diese reichen von Sport- und Fitnessapps oder Wearables, die vor allem in der Prävention von Krankheiten eine wichtige Rolle einnehmen, bis hin zu Apps, vernetzten Geräten und telemedizinischen Angeboten, die im Falle einer Erkrankung die Therapie und den täglichen Ablauf der Patienten erleichtern sollen.

Des Weiteren kann durch den starken Zuwachs an Neukunden im telemedizinischen Sektor das Arzt–Patienten-Verhältnis und die Zusammenarbeit verbessert werden. Nicht nur aus Ärztesicht verspricht das den Vorteil der stressfreieren Arbeit, auch der Patient muss sich nicht in die Sprechstunde begeben und sich langen Wartezeiten unterziehen, die gegebenenfalls zu Missverständnissen und Diskussionen führen können. Immerhin sorgt das für bessere Stimmung und der ärztliche Besuch kann angenehm über digitale Wege gestaltet werden.

Der digitale Wandel ist in vollem Gange, betrifft mittlerweile alle Lebensbereiche und ist bereits in der Gesundheits- und Fitnessbranche angekommen. In Zukunft wird es die größte Herausforderung von Bund und Kostenträgern sein, alle Bevölkerungs- und Altersgruppen von den digitalen Angeboten zu überzeugen und auch der älteren Bevölkerungsschicht Anreize zu liefern. Es muss geschafft werden, dass die Angst und das Unwissen vor neuen digitalen Veränderungen abgelegt werden. Wie in der Arbeit geschildert, weigert sich der Großteil der älteren Bevölkerung die digitale Zukunft anzunehmen, welche die Überwachung des eigenen Gesundheitsstatus fördern könnte.

Wenn in Zukunft dieses Ungleichgewicht beseitigt werden kann, können mehr Menschen über E-Health-Anwendungen ihre Lebensqualität beibehalten und verbessern. Gerade in den Zeiten des demographischen Wandels wird diese Aufgabe immer mehr an Relevanz gewinnen.

Literaturverzeichnis

American Well (2016): Telehealth Index: 2017 Consumer Survey. URL:
http://go.americanwell.com/rs/335-QLG-
882/images/American_Well_Telehealth_Index_2017_Consumer_Survey.pd
f. (Abruf 06.06.2018)

Antwerpes et al. (o.J): Arterielle Hypertonie. URL:
http://flexikon.doccheck.com/de/Arterielle_Hypertonie#Risikofaktoren.
(Abruf 15.05.2018)

Antwerpes & Nicolay (o. J.): Ätiologie. URL:
http://flexikon.doccheck.com/de/Ätiologie. (Abruf 14.05.2018)

Antwerpes et al. (o.J.): Diastole. URL:
http://flexikon.doccheck.com/de/Diastole. (Abruf 15.05.2018)

Antwerpes, F. (o. J.): Epidemiologie. URL:
http://flexikon.doccheck.com/de/Epidemiologie. (Abruf 14.05.2018)

Antwerpes et al. (o. J.): Gesundheit. URL:
http://flexikon.doccheck.com/de/Gesundheit. (Abruf 15.04.2018)

Antwerpes et al. (o. J.): Hypertonie. URL:
http://flexikon.doccheck.com/de/Hypertonie. (Abruf 15.05.2018)

Antwerpes et al. (o.J.): Systole. URL: http://flexikon.doccheck.com/de/Systole.
(Abruf 15.05.2018)

AOK Bundesverband (o. J.): E-Health-Gesetz. URL: http://aok-
bv.de/hintergrund/gesetze/index_14907.html. (Abruf 22.04.2018)

Apple (2018): Cora – Die Blutdruck-App. URL:
https://itunes.apple.com/de/app/cora-die-blutdruck-
app/id1186224674?mt=8. (Abruf 01.06.2018)

Apple (2018): Smart Watch. URL: https://www.apple.com/de/apple-watch-
series-3/#sports-watch. (Abruf 22.05.18)

Ärzte Zeitung online (2017): Closed-Loop-Systeme ab 2018 Realität. URL:
https://www.aerztezeitung.de/medizin/krankheiten/diabetes/article/93
6584/diabetes-closed-loop-systeme-ab-2018-realitaet.html. (Abruf
15.05.2018)

Becker, H-J. (o. J.): Was genau ist eigentlich eine Herzinsuffizienz. URL: https://www.herzstiftung.de/herzinsuffizienz.html. (Abruf 16.05.2018)

Bendel, O. (o. J.): Digitalisierung. URL: https://wirtschaftslexikon.gabler.de/definition/digitalisierung-54195. (Abruf 10.04.18)

Berkeley University of California (o. J.): Smart Clothing Market Analysis. URL: https://scet.berkeley.edu/wp-content/uploads/Smart-Clothing-Market-Analysis-Report.pdf. (Abruf 27.05.2018)

Bitkom (2017): Absatz von Fitness-Trackern in Deutschland in den Jahren 2014 bis 2017 (in Millionen Stück). Statista. URL: https://de.statista.com/statistik/daten/studie/459115/umfrage/absatz-von-fitness-trackern-in-deutschland/. (Abruf 30.05.2018)

Brandt, M. (2018): Apple ist neuer Wearables-Marktführer. Statista. URL: https://de.statista.com/infografik/3763/weltweiter-absatz-von-wearables/. (Abruf 25.05.2018)

Brinckmann, M. (2018): Statista Consumer Market Outlook – Segment Report, Footwear Report 2018 – Athletik Footwear.

Buss, S. (2017): E-Health Marktreport – Deutschland. Hamburg. www.statista.com

Deutsche Diabetes Gesellschaft. n.d. Durchschnittliche direkte Krankheitskosten von Diabetes in Deutschland nach Versogungsbereich im Jahr 2012 (in Euro je Patient). Statista. URL: https://de.statista.com/statistik/daten/studie/299152/umfrage/direkte-krankheitskosten-von-diabetes-in-deutschland-nach-versogungsbereich/. (Abruf 30.05.2018)

Deutsche Hochdruckliga (2017): Bluthochdruck in Zahlen. URL: https://www.hochdruckliga.de/bluthochdruck-in-zahlen-presse.html. (Abruf 15.05.2018)

Experte(n) (Köster) (2014): Durchschnittliche direkte Krankheitskosten von Diabetes in Deutschland nach Versorgungsbereich im Jahr 2012 (in Euro je Patient). Statista. URL: https://de.statista.com/statistik/daten/studie/299152/umfrage/direkte-krankheitskosten-von-diabetes-in-deutschland-nach-versogungsbereich/. (Abruf 30.04.2018)

Gartner (2018): Prognose zum Absatz von Fitness-Trackern weltweit von 2016 bis 2021 (in Millionen Stück). Statista. URL: https://de.statista.com/statistik/daten/studie/421270/umfrage/absatz-von-fitness-trackern-weltweit/. (Abruf: 30.05.18)

Gartner (2017): Gartner Says Worldwide Wearable Device Sales to Grow 17 Percent in 2017. URL: https://www.gartner.com/newsroom/id/3790965. (Abruf 20.05.2018)

Handelsblatt. n.d. Volkswirtschaftliche Schäden aufgrund chronischer Erkrankungen von Arbeitnehmern nach Krankheiten im Jahr 2010 (in Milliarden Euro). Statista. URL: https://de.statista.com/statistik/daten/studie/236799/umfrage/volkswirtschaftliche-schaeden-durch-chronische-erkrankungen-von-arbeitnehmern/. (Abruf 01.06.2018)

Hasse, J. (2017): Eine Psychologieprofessorin erklärt, warum Fitness-Apps funktioniern. URL: http://fudder.de/eine-psychologieprofessorin-erklaert-warum-fitness-apps-funktionieren--132365959.html, 12.01.17. (Abruf 11.04.2018)

Hedda, N. (2017): Herz-Kreislauf-Erkrankungen verursachen höchste Kosten. URL: https://de.statista.com/infografik/11301/herz-kreislauf-erkrankungen-verursachen-hoechste-kosten/. (Aufruf 17.05.2018)

Herz- & Gefäßzentrum (HZG) Göttingen (o. J.): Kardiale Resynchronisationstherapie (CRT). URL: https://www.hgz-goettingen.de/kardiale-resynchronisationstherapie. (Abruf 04.06.2018)

Hofmann, A. (2015): Adidas kauft Runtastic für 220 Millionen Euro. URL: https://www.gruenderszene.de/allgemein/axel-springer-runtastic-adidas. (Abruf 10.04.2018)

Huber, P. & Feichter, M. (2018): Bluthochdruck. URL: https://www.netdoktor.de/krankheiten/bluthochdruck/. (Abruf 15.05.2018)

IDC (2018): Prognose zum Absatz von Wearables weltweit von 2014 bis 2022 (in Millionen Stück). Statista. URL: https://de.statista.com/statistik/daten/studie/417580/umfrage/prognose-zum-absatz-von-wearables/. (Abruf 20.05.2018)

IDC (2018): Smartwatches to Have More Than Just Fifteen Minutes of Fame, According to IDC URL: https://www.idc.com/getdoc.jsp?containerId=prUS43642518, (Abruf 20.05.2018)

IDG Business Media Gmbh (2015): Fossil kauft Fitness-Spezialisten für seine Uhren. URL: https://www.computerwoche.de/a/fossil-kauft-fitness-spezialisten-fuer-seine-uhren,3219097. (Abruf 23.05.2018)

IGES (2017): Arzneimittelverbrauch bei Hypertonie* in Deutschland in den Jahren 1996 bis 2016 (in Millionen DDD**). Statista. URL: https://de.statista.com/statistik/daten/studie/244091/umfrage/arznei mittelverbrauch-bei-hypertonie-in-deutschland/. (Abruf 01.06.2018)

iHealth 2018: Blutdruck. URL: https://ihealthlabs.eu/de/52-tensiometre-connecte-pour-le-poignet-ihealth-sense.html. Abruf (01.06.2018)

Institut für Qualität und Wirtschaftlichkeit im Gesundheitswesen (IQWiG) (2012): Mit welchen Medikamenten wird Bluthochdruck behandelt. URL: https://www.gesundheitsinformation.de/mit-welchen-medikamenten-wird-bluthochdruck.2083.de.html?part=behandlung-kf. (Abruf 15.05.2018)

International Diabetes Federation (2014): Anzahl der undiagnostizierten Fälle von Diabetes nach Weltregion. Statista. URL: https://de.statista.com/statistik/daten/studie/283731/umfrage/diabete s-anzahl-undiagnostizierter-faelle-weltweit-nach-region/. (Abruf 24.04.18)

International Diabetes Federation. n.d. Länder mit der höchsten Anzahl Diabeteserkrankter im Jahr 2017 und Prognose für das Jahr 2045 (in Millionen). Statista. URL: https://de.statista.com/statistik/daten/studie/241789/umfrage/laender -mit-den-meisten-diabeteserkrankten/. (Abruf 30.05.2018)

International Diabetes Federation (2017): Top 10 Länder mit den höchsten Gesundheitsausgaben für Diabetes im Jahr 2015 (in Milliarden Dollar*). Statista. URL: https://de.statista.com/statistik/daten/studie/498204/umfrage/top-10-laender-mit-den-hoechsten-gesundheitsausgaben-fuer-diabetes/. (Abruf 30.05.2018)

International Diabetes Federation (2017): Prävalenz und Fallzahlen von Diabetes und Glukosetoleranzstörungen (IGT) weltweit in den Jahren 2017 und 2045. Statista. URL: https://de.statista.com/statistik/daten/studie/256852/umfrage/praevalenz-und-fallzahlen-von-diabetes-und-glukosetoleranzstoerungen-weltweit/. (Abruf 24.04.2018)

Karanikas, K. & Kunz, M. (2016): Medizinisches Aufbautraining. Elsevier GmbH München

Landesanstalt für Medien Nordrhein-Westfalen (LfM), Juni 2016, URL: http://www.lfm-nrw.de/fileadmin/user_upload/lfm-nrw/Foerderung/Digitalisierung/Digitaltrends/Digitaltrends_Wearables.pdf. Abruf 28.05.2018

Lernhelfer (2010): Absatz. URL: https://www.lernhelfer.de/schuelerlexikon/politikwirtschaft/artikel/absatz. (Abruf 22.05.2018)

Mathias, B. (2018): Apple ist neuer Wearables-Marktführer [ONLINE]. Verfügbar auf: https://de.statista.com/infografik/3763/weltweiter-absatz-von-wearables/. (Abruf 30.05.2018)

Moll et al. (2017): Wearables, Fitness-Apps und der Datenschutz: Alles unter Kontrolle?. Verbraucherzentrale NRW e. V. (Hrsg). URL: http://docs.dpaq.de/12201-mw-untersuchung_wearables_sperr_2_.pdf. (Abruf 07.06.2018)

MLP (2016): Käme es für Sie in Frage, mit Ihrem Arzt eine Video-Sprechstunde zu machen, oder käme das für Sie nicht in Frage?. Statista. URL: https://de.statista.com/statistik/daten/studie/611191/umfrage/patientenbefragung-zur-akzeptanz-von-video-sprechstunden-in-deutschland/. (Abruf 06.06.2018)

Nicolay et al. (o.J.): NYHA-Klassifikation, http://flexikon.doccheck.com/de/NYHA-Stadium. (Abruf 16.05.2018)

Nicolay et al. (o. J.): Pathogenese. URL: http://flexikon.doccheck.com/de/Pathogenese. (Abruf 14.05.2018)

o. V. (o. J): Währungsrechner. URL: https://www.waehrungsrechner-euro.com/. (Abruf 14.05.2018)

Reiter et al. (2011): Telemedizin – Zukunftsgut im Gesundheitswesen. URL:
http://www.cap.lmu.de/download/2011/2011_Telemedizin.pdf. (Abruf
05.06.2018)

Rohleder, B.; Jedamzik, S. (2017): Gesundheit 4.0. URL:
https://www.bitkom.org/Presse/Anhaenge-an-PIs/2017/03-
Maerz/Verbraucherstudie-Telemedizin-2017-170327.pdf. (Abruf
06.06.2018)

Sanofi (2018): Weltweiter Umsatz von Sanofi mit dem Medikament Aprovel in
den Jahren 2008 bis 2017 (in Millionen Euro). Statista. URL:
https://de.statista.com/statistik/daten/studie/311729/umfrage/weltwei
ter-umsatz-von-sanofi-mit-dem-medikament-aprovel/. (Abruf
01.06.2018)

Schreiber, K. (2017): eServices Report 2017 – Fitness. Hamburg.
www.statista.com

Schürmann, L. (2015): Under Armour vergrößert sein Fitness-Imperium. URL:
http://www.manager-magazin.de/unternehmen/artikel/under-armour-
kauft-fitness-apps-a-1016916.html. (Abruf 10.04.2018)

Soulplus (o. J.): Fitness – Definition. URL: http://www.soulplus.de/fitness-
definition.html. (Abruf 15.04.2018)

Statista (o. J.): eHealth - Bluthochdruck. Marktdefinition. URL:
https://de.statista.com/outlook/315/100/bluthochdruck/weltweit#).
(Abruf 31.05.2018)

Statista (2015): eHealth - Bluthochdruck. Weltweiter Vergleich – Umsatz. URL:
https://de.statista.com/outlook/315/100/bluthochdruck/weltweit#mar
ket-global. (Abruf 02.06.2018)

Statista (2015): eHealth – Diabetes. Marktdefinition. URL:
https://de.statista.com/outlook/314/100/diabetes/weltweit#. (Abruf
24.04.2018)

Statista (2018): eHealth- Herzinsuffizienz. Marktdefinition. URL:
https://de.statista.com/outlook/316/100/herzinsuffizienz/weltweit#.
(Abruf 02.06.2018)

Statista (2018): Fitness – Deutschland.
https://de.statista.com/outlook/313/137/fitness/deutschland#. (Abruf 11.04.2018)

Statista (2018): Fitness - weltweit. URL:
https://de.statista.com/outlook/313/100/fitness/weltweit#market-revenue. (Abruf 12.04.2018)

Statista Digital Health (2017): Könnten Sie sich vorstellen, Apps aus dem Bereich E-Health für folgende Zwecke zu nutzen?. Statista. URL:
https://de.statista.com/statistik/daten/studie/698074/umfrage/umfrage-zur-nutzung-von-e-health-apps-fuer-ausgewaehlte-zwecke-in-deutschland/. (Abruf 01.06.2018)

Statista-Dossier (2017): Wearables. URL:
https://de.statista.com/statistik/studie/id/43075/dokument/wearables/. (Abruf 20.05.2018)

Statista (2018): Digital Market Outlook – Methodik. URL:
https://de.statista.com/outlook/digital-markets/methodik. (Abruf: 04.06.2018)

Statista (2018): Sportschuhe. URL:
https://de.statista.com/outlook/11020000/100/sportschuhe/weltweit#market-revenue. (Abruf 30.05.2018)

Statista (o. J.): Statistiken zu Digital Health. URL:
https://de.statista.com/themen/3971/digital-health/. (Abruf 22.04.2018)

Statista (o. J.): Statistiken zur Social-Media-Nutzung. URL:
https://de.statista.com/themen/1842/soziale-netzwerke/. (Abruf 10.04.2018)

Statista (o. J.): Statistiken zum Thema Fitnessbranche. URL:
https://de.statista.com/themen/233/fitness/. (Abruf 15.04.2018)

Statista (2017): Umsatz der führenden Sportartikelhersteller weltweit im Jahr 2016 (in Milliarden Euro). URL:
https://de.statista.com/statistik/daten/studie/150745/umfrage/groessten-sportartikelhersteller-nach-umsatz/. (Abruf: 10.04.2018)

Statista Umfrage (2018): Sport und Fitness 2018. URL:
https://de.statista.com/statistik/studie/id/53817/dokument/sport-und-fitness/. (Abruf 05.06.2018)

Statistisches Bundesamt (2017): Verteilung der häufigsten Todesursachen in Deutschland im Jahr 2015. Statista. Zugriff am 17. Mai 2018. Verfügbar unter
https://de.statista.com/statistik/daten/studie/240/umfrage/verteilung-der-sterbefaelle-nach-todesursachen/. (Abruf 30.04.2018)

Stolze et al. (o.J.): Herzinsuffizienz,
http://flexikon.doccheck.com/de/Herzinsuffizienz. (Abruf 16.05.2018)

Techniker Krankenkasse (TK) (2016): Umfrage zur Motivation, einen digitalen Trainingsbegleiter zu nutzen, in Deutschland im Jahr 2016. Statista. URL: https://de.statista.com/statistik/daten/studie/539504/umfrage/motivation-einen-digitalen-trainingsbegleiter-zu-nutzen-in-deutschland/. (Abruf 13.06.2018)

Website (internetdo.com). n.d. Prognose zur Anzahl der Smartphone-Nutzer weltweit von 2012 bis 2020 (in Milliarden). Statista. URL: https://de.statista.com/statistik/daten/studie/309656/umfrage/prognose-zur-anzahl-der-smartphone-nutzer-weltweit/. (Abruf 10.04.2018)

WHO HBSC-Studie (2016): Anteil der übergewichtigen Kinder und Jugendlichen in Deutschland nach Alter und Geschlecht im Jahr 2014. Statista. URL:
https://de.statista.com/statistik/daten/studie/218508/umfrage/anteil-der-uebergewichtigen-kinder-und-jugendlichen-nach-alter-und-geschlecht/. (Abruf 24.04.2018)

Abbildungen

Abbildung 1: Sportriesen investieren in Fitness-Apps. URL:
https://de.statista.com/infografik/5363/kauf-von-fitness-apps-durch-sportartikelhersteller/. (Abruf 15.04.2018)

Abbildung 2: Käufer- und Nutzergruppen für Sport- und Fitness-Apps. Eigene Darstellung. Werte: Statista Umfrage Sport & Fitness 2018.

Abbildung 3: Umsatz Fitness-Apps in Mio. US-Dollar. Eigene Darstellung. Werte: Schreiber 2018. eServices Report – Fitness. Statista Digital Market Outlook: S. 9.